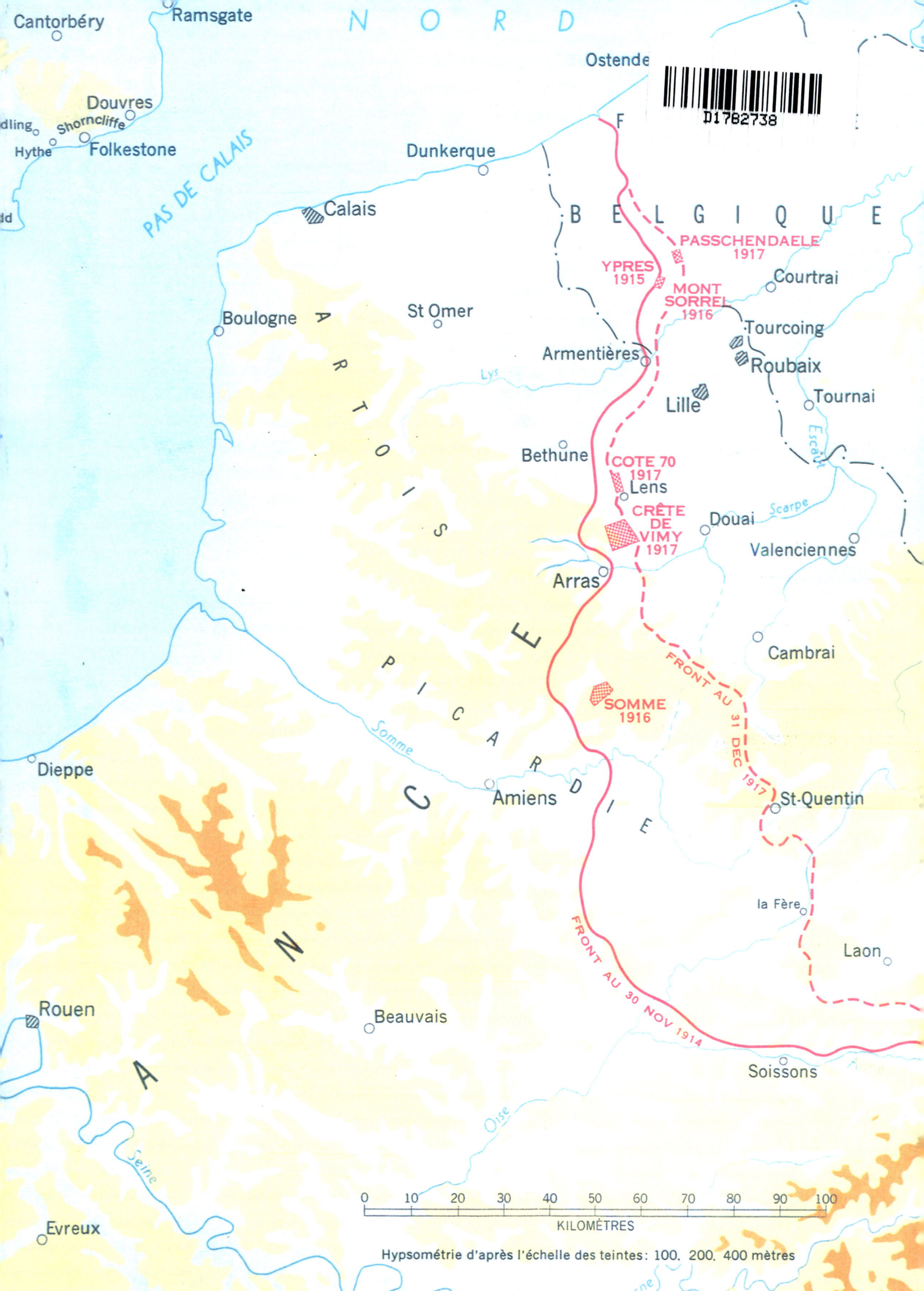

BRERETON GREENHOUS
STEPHEN J. HARRIS

Le Canada et la
BATAILLE DE VIMY

9-12 avril 1917

Données de catalogage avant publication (Canada)

Greenhous, Brereton, 1929-   Stephen J. Harris, 1948-
Le Canada et la Bataille de Vimy, 9-12 avril 1917
Publ. aussi en anglais sous le titre :
Canada and the Battle of Vimy Ridge, 9-12 April 1917.
Comprend des références bibliographiques.
ISBN 0-660-93654-2
N° de cat. MAS D2-90/1992F
2ᵉ éd. 2007
1. Vimy, Bataille de, 1917. 2. Guerre, 1914-1918 (Mondiale, 1ʳᵉ) — Campagnes et batailles — France. 3. Canada. Armée canadienne — Histoire - Guerre, 1914-1918 (Mondiale, 1ʳᵉ). 4. Guerre, 1914-1918 (Mondiale, 1ʳᵉ) — Canada. I. Harris, Stephen John. II. Canada. Ministère de la défense nationale. Service historique. III. Titre. IV. Titre : Le Canada et la Bataille de Vimy, 9-12 avril 1917.
D545.V5G7314 1992   940.4'31   C92-099605-1

This work was published simultaneously in English under the title:
Canada and the Battle of Vimy Ridge, 9-12 April 1917
ISBN 0-660-14401-8

Traduit de l'anglais par Fabien Saint-Jacques

Coordonnateur du projet : Serge Bernier

Reproduit par la Direction de l'Histoire et
du patrimoine des Forces canadiennes

Illustration de la jaquette : dessin de Stéphane Geoffrion
d'après une huile sur toile de Kenneth Forbes, 1892-1980
Canadian Artillery in Action

Conçu et réalisé à l'origine par Art Global
384, avenue Laurier Ouest
Montréal, Québec
Canada H2V 2K7

Imprimé au Canada

Tous droits réservés.
La reproduction totale ou partielle, par quelque procédé que ce soit, tant électronique que mécanique, ou par photocopie, est interdite sans l'autorisation écrite et préalable du ministre des Travaux publics et Services gouvernementaux.

© Sa Majesté la Reine chef du Canada (1995)
N° de catalogue D2-90/1992-F
2ᵉ éd. 2007
ISBN 0-660-93654-2

REMERCIEMENTS

Nous tenons à remercier plusieurs personnes des Archives nationales du Canada : Barbara Wilson, qui nous a aidés dans la section des dossiers officiels; Tim Dubé, qui s'est assuré que tout ce qui était pertinent, dans la collection des manuscrits, passe entre nos mains; Joan Schwartz, Andrew Rodger, Peter Robertson et surtout, Les Mobbs, qui furent si utiles pour la sélection et la reproduction des photographies.

Nos remerciements vont aussi à nos collègues du Service historique de la Défense nationale, qui ont lu et commenté nos premières ébauches du texte ainsi qu'au cartographe du Service, William Constable, qui a retravaillé, révisé les vieux négatifs des cartes du présent ouvrage qui avaient été préparés pour l'histoire du Corps expéditionnaire canadien du colonel G. W. L. Nicholson pendant la Première Guerre mondiale.

« Une nation est un groupe de personnes qui ont accompli de grandes choses ensemble hier et qui s'attendent à accomplir de grandes choses ensemble demain. »

F. H. Underhill
The Image of Confederation (1964)

Il y a 90 ans, au Canada, les citoyennes et les citoyens se définissaient d'abord en fonction de leurs régions, de leurs provinces, de leurs cultures ou de leurs communautés d'origine. Notre identité nationale n'était qu'une vague idée. À cette époque où le Canada devait encore se tailler une place sur l'échiquier mondial, notre pays a été appelé à se battre aux côtés des alliés durant la Première Guerre mondiale. L'histoire rapporte les victoires et le courage de nos soldats, mais s'il est un épisode rassembleur, c'est bien celui de la bataille de la crête de Vimy.

Le lundi de Pâques 1917, les quatre divisions du Corps canadien s'alignèrent pour s'emparer d'une importante position allemande que Français et Britanniques avaient été incapables de prendre jusque-là. Le bilan est lourd : 3 500 soldats canadiens périssent au cours de cette opération. Le récit des survivants est saisissant. Il y a l'horreur, certes, mais aussi le sentiment d'avoir accompli un exploit important. Du sommet de la crête de Vimy, alors qu'ils contemplent victorieux la plaine de Douai devant eux, ils savent que ce qu'ils viennent de vivre les unit à jamais. À la fin de cette terrible guerre, chacun rentra chez lui mais avec une conscience nouvelle et l'envie de se dire, plus fièrement que jamais, Canadiens.

À l'occasion du 90ᵉ anniversaire de la victoire de la crête de Vimy, nous honorons ces hommes qui ont combattu si vaillamment pour leur pays au nom de la liberté et de la justice.

Michaëlle Jean
Novembre 2006

PRIME MINISTER · PREMIER MINISTRE

Le Canada et la bataille de la crête de Vimy

Le Dominion du Canada avait à peine 50 ans en avril 1917 lorsque 100 000 de nos 8 millions de citoyens remportaient la bataille de la crête de Vimy.

Ce fut la plus importante victoire alliée à cette étape de la guerre. Mais pour le Canada, c'était beaucoup plus encore. C'est le brigadier-général Alexander Ross, commandant de l'une des brigades ayant pris d'assaut la crête, qui l'a dit avec le plus d'éloquence :

« C'était le Canada qui défilait, de l'Atlantique au Pacifique. J'ai pensé alors, et je le pense toujours, qu'en ces quelques minutes, j'ai été témoin de la naissance d'un pays. »

Il avait bien raison. Le Canada est ressorti comme une nation qui s'est portée à deux reprises à la défense de la mère patrie de deux de ses peuples fondateurs et qui est devenue une puissance pour le maintien de la paix dans le monde. À ce jour, le Canada demeure une nation qui ne manque jamais à son devoir de défendre la liberté, la démocratie, les droits de la personne et la primauté du droit.

Nos ancêtres ont érigé un magnifique monument sur la crête de Vimy afin d'immortaliser ce moment majeur dans notre histoire nationale. Cette année marque le 90ᵉ anniversaire de la bataille, la dédicace de ce monument entièrement restauré et la réédition de l'ouvrage superbe intitulé **Canada and the Battle of Vimy Ridge**.

J'invite l'ensemble des Canadiennes et des Canadiens à rendre hommage aux 3 598 courageux soldats morts au cours de cette bataille en lisant ce livre et en visitant, au moins une fois dans leur vie, le site sacré qui, dans le nord de la France, a vu naître le Canada moderne.

Le très honorable Stephen Harper, C.P., député
Premier ministre du Canada

CHAPITRE I

CHAPITRE I
LE VOYAGE DES PÈLERINS

Au cours de ses trente-six années d'existence, Jack Harris n'a pas souvent tenu la plume. Il a terminé ses études à l'âge de quatorze ans et est devenu maçon, un métier qui, au tournant du siècle, ne nécessitait pas d'autre aptitude pour l'écriture que la simple capacité de signer une feuille de paie.

En mars 1917, ce simple soldat du 4e Bataillon canadien de fusiliers à cheval n'est pas non plus dans le secret des conseillers de sir Douglas Haig, commandant en chef du Corps expéditionnaire britannique en France. Même les intentions plus modestes du général sir Henry Horne, commandant de la 1re Armée britannique (où sert le Corps d'armée canadien) et du lieutenant-général sir Julian Byng, l'aristocrate anglais qui commande le Corps d'armée canadien à l'époque, lui échappent. Il n'a jamais encore entendu le feu faire rage et il peut difficilement imaginer qu'il s'apprête à participer à une bataille apocalyptique, qui contribuera substantiellement à forger l'identité canadienne, comme l'ont reconnu depuis des copains de Jack, plus instruits et plus réputés que lui.

Tout ce que le soldat Harris sait, c'est qu'il doit bientôt connaître le baptême des tranchées. Peut-être est-ce simplement la perspective imminente de tuer ou d'être tué qui l'incite à commencer alors un journal, qu'il écrit de façon intermittente, au crayon — d'une écriture étonnamment nette et soignée. Son minable petit calepin de soldat, de huit centimètres sur treize, prend refuge dans la poche de sa tunique. Un mois après avoir commencé son journal, il y note comment un homme très ordinaire, né et élevé à la campagne anglaise et qui se considère toujours essentiellement comme un Britannique malgré les sept années passées au Canada, peut aider à écrire une page d'histoire militaire et d'histoire canadienne et, presque sans s'en rendre compte, devenir par le fait même un Canadien!

Le 9 avril 1917, Jack Harris s'entasse avec plusieurs centaines de ses compagnons au fond d'un tunnel creusé dans le sol crayeux que dominent les pentes du sud-ouest du plateau de Vimy. Des milliers de leurs compagnons se trouvent dans d'autres tunnels et trous, à l'abri des balles et des obus allemands, bien que d'autres dangers les attendent. La plupart des treize tunnels, faiblement éclairés par des ampoules électriques enfilées le long des parois grossières, sont longs d'un demi-kilomètre ou plus larges d'à peine un mètre. Beaucoup de leurs occupants y passent toute la journée et la moitié de la nuit, fumant, transpirant, mangeant de la nourriture froide et buvant du thé tiède dans des gamelles, pétant et utilisant des barils comme cuvettes de toilette. Fait surprenant, aucun d'entre eux ne semble avoir succombé à l'asphyxie, ni à la claustrophobie.

Et pendant tout ce temps, à quoi Jack Harris songe-t-il?

Dimanche de Pâques

Jamais passé un dimanche de Pâques pareil. Toute la journée dans le tunnel, à attendre le matin et l'ordre d'avancer. Impossible d'écrire tout ce à quoi j'ai pensé durant cette journée, mais j'ai senti que je m'en sortirais d'une façon ou d'une autre. J'espère que mon prochain dimanche de Pâques se passera beaucoup mieux. Reçu une lettre de Lou et des enfants — très bien.

Le lendemain matin, quelques minutes avant l'aube, sous la neige, la grêle et la pluie, plus de vingt-cinq mille Canadiens, suivis de près par dix mille autres, sortent des tranchées et des tunnels sur un front de sept kilomètres et commencent à gravir péniblement la crête de Vimy, derrière un impressionnant rideau de feu surtout fourni par des canons et canonniers canadiens. Harris est du nombre, au beau milieu de la première vague. Lorsqu'il trouvera le temps de noter les deux journées suivantes, très mouvementées, sa prose sera concise, directe et simple.

Quitté le tunnel [à] 3 h 30 pour sortir des tranchées. Boue jusqu'aux genoux comme d'habitude. Vers 4 h 15, ordre d'avancer. Au même moment, [un] terrible barrage de notre artillerie commence. Terrifiant, pas d'autre mot pour le décrire. Marché jusqu'au sommet (trop chargé pour courir). Perdu le reste de la section. Très peu de tir allemand en réponse au nôtre.

Fritz me tire dessus deux fois, de l'entrée de la tranchée. [M'a] manqué. Lui ai lancé des grenades et l'ai laissé au sergent-major de la compagnie « A ». Trouvé le reste du groupe à la tranchée Swichern [Zwischen]. Tous s'étaient plus ou moins perdus.

Tout se passe bien. Atteint l'objectif rapidement, puis aidé le Royal Canadian Regiment à creuser une tranchée et à tenir la ligne. Avertis que la relève arriverait à la tombée de la nuit, mais pas de chance pareille. Sur la ligne de front jusqu'à minuit, mardi, puis replié sur la ligne de soutien (Swichern). Beaucoup de pluie et de neige pendant tout le trajet. Remplacé par le 60ᵉ [Bataillon], 20 h.

L'attaque ne se déroule pas aussi facilement partout le long de la ligne de front, mais ce mardi-là, à minuit, le plateau de Vimy, forteresse naturelle tenue par les Allemands depuis octobre 1914, tombe aux mains des Canadiens, au prix de faibles pertes. C'est là la plus grande victoire remportée par les troupes de l'*Entente* (l'alliance franco-britannique) en près de trois années de combat. À quels facteurs peut-on l'attribuer? Et en quoi sera-t-elle si importante dans l'évolution de l'identité canadienne?

LE CANADA EN GUERRE

Les causes de la Première Guerre mondiale, qui dépassent largement la portée du présent ouvrage et ont été abondamment débattues par

Le Princess Patricia's Canadian Light Infantry, composé, à sa naissance, presque exclusivement de militaires britanniques qui résidaient au Canada (dont un bon nombre venus de l'Ouest) lorsque la guerre éclata, quitte le Parc Lansdowne d'Ottawa pour se rendre à Valcartier. [BAC PA 23278]

Des parents et amis se mêlent au Royal Grenadiers de Toronto pendant que celui-ci défile vers Union Station pour y prendre le train de Valcartier. [BAC PA 5122]

Lorsque la Grande-Bretagne était en guerre, tous les sujets du roi l'étaient aussi. Ces volontaires de la colonie indienne de Files Hills se joignirent au 68ᵉ Bataillon de Saskatchewan. On les voit ici en compagnie de membres de leurs familles. [BAC PA 66815]

les historiens, n'ont certes rien à voir avec le Canada. Néanmoins, lorsque la Grande-Bretagne déclare la guerre à l'Allemagne et à son allié austro-hongrois, en août 1914, le Canada, en qualité de colonie britannique gouvernée par le roi d'Angleterre, entre automatiquement en guerre, lui aussi. D'une façon générale, ce n'est pas impopulaire dans un monde plus simple, plus naïf que celui où nous vivons aujourd'hui. Beaucoup de Canadiens, particulièrement ceux de descendance britannique, accueillent favorablement cette occasion de se tenir aux côtés de la Grande-Bretagne pour défendre ce qui leur semble être une cause juste.

De nombreux citoyens de l'Ouest du Canada, natifs de la Grande-Bretagne, se perçoivent toujours essentiellement comme des Anglais, avec tous les privilèges et responsabilités que cela peut comporter. La plupart d'entre eux se rendent immédiatement à un bureau de recrutement pour s'enrôler. Et de nombreux jeunes hommes nés au Canada se montrent tout aussi enthousiastes. Dans leur esprit, la guerre revêt une aura de romantisme, un peu comme une épreuve sportive, une sorte de jeu gigantesque où quelques pauvres diables seront sûrement tués ou mutilés. Évidemment, ils ne seront pas eux-mêmes du nombre de ces malchanceux.

D'autres, dans un contexte de stagnation économique — à une époque où la sécurité sociale est inexistante —, voient tout simplement les armes comme un meilleur lot que le chômage et la faim. Des autochtones de toutes les régions du Dominion s'enrôlent volontiers au début, peut-être parce que dans leur communauté, les guerriers ont traditionnellement joui d'un prestige que les jeunes Indiens d'alors trouvent difficile à acquérir. Les combats sur le front occidental auront bien peu en commun avec le type de guérilla où leurs ancêtres ont excellé, mais cela, ils peuvent difficilement le prévoir.

Le processus de recrutement n'est guère protocolaire mais souvent maladroit : la mobilisation à l'aveuglette est marquée par le style énergique mais excentrique de Sam Hughes (lui-même un soldat amateur enthousiaste), alors ministre de la Milice et de la Défense. Pourtant le premier contingent du Corps expéditionnaire canadien se trouve déjà en Angleterre à la mi-octobre*, fort de trente mille hommes, principalement des officiers inexpérimentés et des « soldats » ne possédant que d'infimes rudiments du maniement des armes. Ils passent un hiver humide et boueux dans la plaine de Salisbury, à assimiler des notions militaires élémentaires, sans s'imaginer que leur expérience de la boue du Wiltshire leur sera si utile dans les Flandres et en Picardie.

Avec eux, se trouvent cinquante des cent « diplômées de presque toutes les écoles d'infirmières du Canada… dont quelques Canadiennes françaises », selon le lieutenant (infirmière) Mabel Clint, de Montréal, qui avait tôt fait d'entrer au Service médical de l'Armée, « pour la durée de la guerre ». La plupart des cinquante autres infirmières accompagnent la première unité de la Force expéditionnaire canadienne qui traverse en France, le 8 novembre 1914. En sol français, elles aident à traiter les blessés britanniques,

---

* Au large de St. John's, un navire transportant 537 officiers et hommes du Régiment de Terre-Neuve, non encore intégré au Corps expéditionnaire canadien, devait se joindre au convoi naval. Terre-Neuve, qui ne faisait pas encore partie du Canada, avait envoyé son propre corps expéditionnaire, de l'envergure d'un bataillon.

Le premier contingent traverse l'Atlantique. [BAC PA 22731]

L'arrivée à Plymouth. Un officier britannique, observant le débarquement des Canadiens, estima qu'on pourrait en faire d'excellents soldats « après qu'on aurait fusillé tous leurs officiers ». [BAC PA 22708]

Des infirmières francophones de l'Hôpital général canadien, qui sert l'Armée française. [MDN PMR 87-465]

jusqu'à l'arrivée de la 1re Division; les ravages causés par la deuxième bataille d'Ypres les amènent à soigner leurs propres compatriotes*.

Il n'est pas aussi aisé de recruter vingt mille autres soldats pour former un nouveau contingent; tout de même la dernière recrue du deuxième groupe de volontaires arrive en Angleterre en juin 1915. « Les centres de recrutement les plus enthousiastes se trouvaient dans l'Ouest, et Winnipeg, Regina, Edmonton et Calgary auraient pu enrôler des milliers d'hommes là où il n'en fallait que des centaines », signale le *Canadian Annual Review* pour 1914. « La réponse de certaines régions de l'Ontario et du Québec s'avère lente. Au Nouveau-Brunswick, on réussit à lever un régiment après des semaines de travail et de nombreux rassemblements patriotiques, tout comme en Nouvelle-Écosse. »

Pour les Canadiens français, et particulièrement ceux du Québec, une partie du problème est d'ordre linguistique. Bien que la milice d'avant-guerre ait été bilingue en pratique au Québec — Ottawa approuvant du bout des lèvres l'idée d'une milice francophone —, le Corps expéditionnaire canadien initial reste une institution essentiellement anglophone. Partout, même au Québec, les officiers de recrutement sont trop souvent unilingues anglophones, des disciples de Sam Hughes. De toute façon, jusqu'à ce moment-là, on n'encourageait guère les francophones unilingues à s'enrôler.

Toutefois, certains Canadiens français éminents appuient fortement l'engagement à part entière de leur communauté. Dès le 10 septembre 1914,

La Presse, le plus important journal de langue française de Montréal, révèle la proposition qui a été faite à Ottawa de former un régiment de deux mille francophones. Cela représente deux bataillons, mais certains patriotes pensent même réussir à former quatre bataillons, c'est-à-dire une brigade francophone.

La Presse indique que certains Canadiens français affiliés au gouvernement conservateur d'Ottawa, ainsi que sir Wilfrid Laurier, chef de l'opposition libérale, appuient la proposition. Tant *La Presse* (liée à Laurier) que *La Patrie* (financée par l'homme d'affaires conservateur Hugh Graham) favorisent l'idée. Le consensus dans les médias francophones est vraiment surprenant. Un comité spécial, formé en nombre égal de libéraux, de conservateurs et comprenant le Premier ministre de la province de Québec, sir Lomer Gouin, et le maire de Montréal, Médéric Martin, ainsi que de nombreux sénateurs, juges et journalistes influents, fait pression en faveur de la création d'une force francophone.

Le 28 septembre, les représentants du comité rencontrent officiellement le Premier ministre, sir Robert Borden, pour exposer leur projet. Borden profite de l'occasion pour remercier le Dr Arthur Mignault de Montréal, qui a offert 50 000 $ — une très grosse somme en 1914 — pour aider à couvrir les coûts qu'engendreront la mise sur pied d'une telle force canadienne-française. Trois semaines plus tard, le Cabinet autorise par décret la formation d'unités spécifiquement francophones, mais, comme dans le reste du Canada, le recrutement ne répond pas aux attentes. Le nombre de volontaires suffit à peine à former un seul bataillon, baptisé 22e Bataillon du Corps expéditionnaire canadien,

---

* À la fin de la guerre, 2 400 infirmières détenant différents grades d'officiers auront servi outre-mer.

*Un peu de pratique avant les Flandres!
L'heure du dîner sur la plaine de Salisbury.
[BAC PA 5032]*

*À Saint-Jean (Québec), le 22ᵉ Bataillon
se prépare à franchir l'Atlantique.
[BAC PA 4912]*

*Troupes allemandes, bien installées
sur la crête de Vimy à l'automne 1914.
[MDN PMR 91-014]*

qui se joint au 2ᵉ Contingent. Il est le précurseur du Royal 22ᵉ Régiment du Canada d'aujourd'hui.

Rien de surprenant à ce que le recrutement devienne plus difficile. L'enthousiasme et le romantisme ont pratiquement quitté le Canada avec le premier contingent, et les chômeurs retrouvent de l'emploi dans une économie qui redémarre. De plus, la dure et douloureuse réalité de la guerre moderne est maintenant révélée dans les rapports des correspondants de guerre que publient les journaux. Dès novembre 1914, le front occidental, jusque-là mobile, se trouve figé dans des tranchées qui s'étendent des Alpes suisses à la mer du Nord. Il ne reste plus de flancs à redéployer sur les basses plaines des Flandres, et le trio infernal de l'artillerie, des mitrailleuses et des fils barbelés, rend les attaques frontales excessivement coûteuses, à une époque où les chars d'assaut n'ont pas encore fait leur apparition. À la fin de 1914, après cinq mois de combat, chaque côté reconnaît avoir perdu plus de trois quarts de million d'hommes — tués, blessés ou capturés.

LES CANADIENS EN FRANCE

En décembre 1914, le *Princess Patricia's Canadian Light Infantry*, un bataillon formé presque entièrement d'anciens combattants de l'Armée britannique* et qui a donc besoin de moins d'entraînement, arrive en France au sein d'une division britannique. La 1ʳᵉ Division canadienne suit en février, dans le désordre et la confusion. Le soldat Alexander Sinclair le relate dans son journal.

---
* Hamilton Gault, un homme d'affaires montréalais, avait fourni 100 000 $ pour couvrir les frais liés à la création de cette unité.

Ce matin, le camp est en émoi, dans l'attente. Il y a plus de remue-ménage et, sans doute [en français dans le texte], la confusion habituelle. Le mot confusion est devenu synonyme de « Contingent canadien », et tout récemment, j'entendais quelqu'un parler du « Contingent comédien »... Mais la bonne excuse, c'est que nous devons partir cet après-midi... pour la France.

La Division arrive à temps pour participer très modestement à la bataille de Neuve Chapelle, dont elle se tire avec une centaine de morts. Pour un moment, des chants de gloire retentissent aux oreilles des jeunes Canadiens. Mais à peine six semaines plus tard, ils se retrouvent dans la mêlée de la deuxième bataille d'Ypres, où les Allemands font usage de gaz (au chlore) pour la première fois sur le front occidental.

La guerre des gaz avait été interdite par la Convention de La Haye en 1899, signée par tous les principaux protagonistes, mais cette interdiction n'avait pas été réaffirmée dans la Convention de 1907. Néanmoins, les troupes de l'*Entente* n'ont prévu ni masques à gaz ni instruction antigaz. « On nous a avertis quelques jours auparavant que les Allemands attaqueraient probablement avec des gaz », écrit le major Victor Odlum du 7ᵉ Bataillon, « et on nous a demandé de prendre les précautions nécessaires, [mais] nous ne pouvions imaginer à quoi pouvait ressembler une attaque aux gaz... et nous ne savions pas quelles pouvaient être les précautions nécessaires. Et personne ne pouvait nous le dire. »

Le lieutenant-général E.A.H. Alderson, l'officier général britannique d'abord choisi pour commander les Canadiens. Il en avait déjà eu sous ses ordres au cours de la guerre des Boers, quinze ans plus tôt. [BAC PA 168103]

Lourd et inconfortable, mais généralement efficace, un appareil respiratoire antigaz du type qu'on finit par adopter en août 1916. [BAC PA 928]

Le poste d'évacuation sanitaire nº 3, en juillet 1916. Primitif selon les critères actuels, mais meilleur que tout ce qui l'avait précédé. [BAC PA 104]

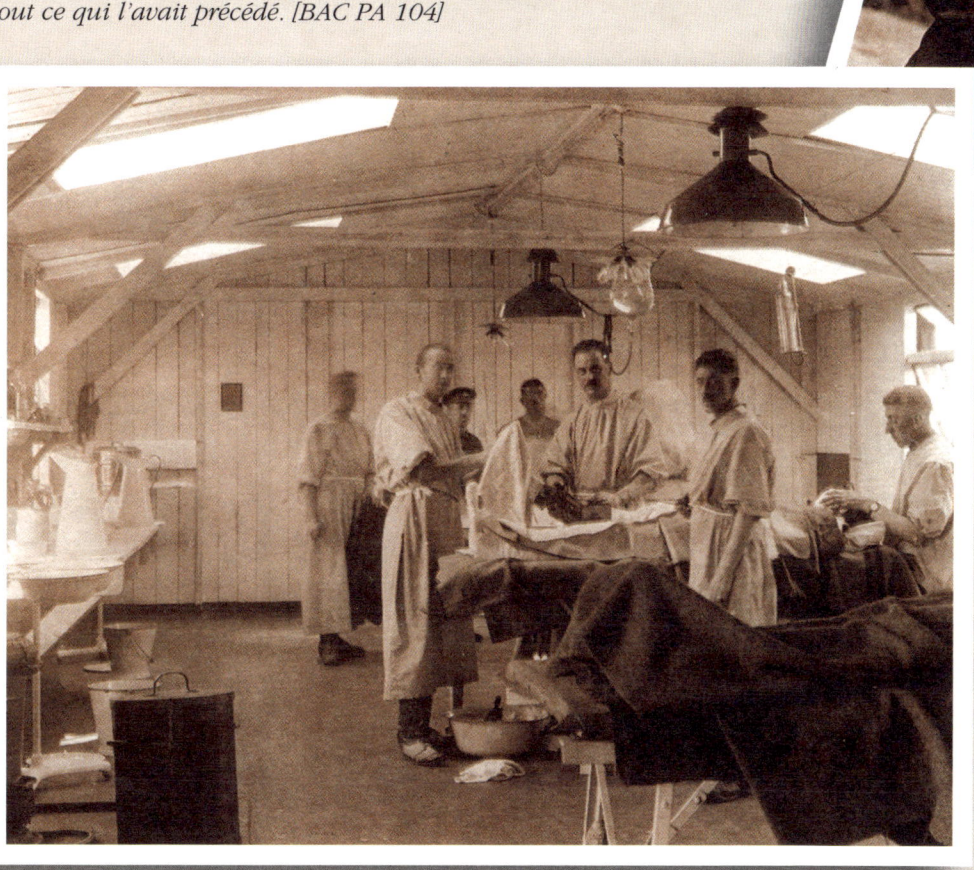

Le 22 avril 1915, exposées au pire de l'attaque aux gaz, des troupes coloniales françaises, sur la gauche des Canadiens, paniquent et s'enfuient. Les Canadiens tiennent bon : repliant leur aile gauche pour se protéger de l'encerclement du côté abandonné par les Français, ils déploient ensuite leur brigade de réserve pour aider les troupes britanniques à rétablir une position continue qui arrêtera l'ennemi à trois kilomètres d'Ypres.

Quarante-huit heures plus tard, une deuxième attaque aux gaz s'abat, cette fois directement sur la 1re Division. Le major H. H. Matthews, commandant une compagnie du 8e Bataillon, qui reçoit le plus fort de l'attaque, raconte ce qu'il a vu et ressenti dans une lettre rédigée peu après la bataille.

Le mur de gaz me parut d'au moins quinze pieds de hauteur, blanc sur le dessus et le reste d'un jaune verdâtre. Bien que la brise fût des plus légères, il avançait très rapidement et fut sur nous en moins de trois minutes.

Il m'est impossible de rendre l'idée réelle de la terreur et de l'horreur que sema parmi nous cette pestilence nauséabonde. Ce n'était pas, je crois, la peur de la mort ni de rien de surnaturel, mais plutôt la crainte que l'épouvantable sensation de suffocation nous empêche de rester chacun à notre poste et de résister jusqu'à la dernière extrémité à l'attaque qui, nous en étions sûrs, devait suivre.

Les craintes de Matthews ne sont pas fondées. Au début de l'attaque, Victor Odlum remarque « une curieuse odeur nouvelle... Le vent du nord pousse vers nous un étrange brouillard d'un jaune brunâtre. Nos yeux brûlent. La respiration devient désagréable et les gorges piquent... Certains s'effondrent au sol, suffocant et se tordant, l'écume aux lèvres... Ce sont bien les gaz. » Mais il n'y a pas de panique, car les hommes, des linges humides autour du nez et de la bouche* — l'urine est plus efficace que l'eau, ont-ils pu constater! — se replient lentement, infligeant de lourdes pertes à l'ennemi. Un soldat des *Seaforth Highlanders* de l'Armée britannique, qui arrive sur les lieux le lendemain, rapporte comment sa section « fit halte près d'un fossé abritant un poste de premiers soins ».

De deux à trois cents hommes étaient étendus dans le fossé. Certains se tenaient la gorge. Les boutons en laiton de leurs uniformes étaient verts. Leurs corps étaient tuméfiés. Certains d'entre eux vivaient encore. Ils ne portaient ni ceinture ni équipement et nous avons d'abord pensé qu'il s'agissait d'Allemands. Par curiosité, l'un d'entre nous retourna l'un des morts. Il vit une épinglette de laiton portant l'inscription « Canada » sur l'épaule du cadavre et s'exclama « Ce sont des Canadiens! »... Certains d'entre eux se tordaient toujours sur le sol, la langue sortie...

Puis nous avons voulu atteindre les tranchées canadiennes du front. Il ne restait plus de tranchées.

---

* Les casques respiratoires — sacs imprégnés de produits chimiques avec des hublots transparents en celluloïde — furent distribués deux mois plus tard. Les premières « petites boîtes de respiration », ou masques à gaz à proprement parler, ne furent introduites qu'en août 1916.

Après la deuxième bataille d'Ypres, le général Alderson décore un caporal suppléant canadien inconnu (un grenadier, selon l'insigne qu'il arbore sur la manche). Derrière celui-ci, d'autres attendent leur tour. [MDN DHist-1]

Le D{^r} John McCrae, pour qui les coquelicots fleurissaient au champ d'honneur. Il succomba à une pneumonie en 1918. [MDN CF66-473]

Une tranchée allemande dévastée par les tirs d'artillerie, en juillet 1916. Près du corps d'un soldat allemand gisant sur le sol, sa gourde, sa gamelle et son havresac pillé par des mains avides. [BAC PA 128]

Les stocks de gaz allemands épuisés pour le moment, la bataille continue de façon plus traditionnelle. Avant la fin, les Canadiens ont perdu près d'un tiers de leurs effectifs : 6 000 hommes tués, blessés, gazés ou faits prisonniers, sur un total de 16 500 hommes. À peine quinze ans auparavant, les Canadiens ont eu 340 morts et blessés durant deux années de combat contre les Boers en Afrique du Sud. Depuis, la guerre est devenue incroyablement plus destructrice, ce qui n'échappe ni aux hommes sur le champ de bataille, ni aux recrues potentielles, ni aux familles inquiètes au Canada.

Le major John McCrae, officier médecin d'une brigade d'artillerie canadienne, connaît personnellement beaucoup de ceux qu'il soigne à Ypres; dans les derniers soubresauts de la bataille, il perd un ami très cher, le lieutenant Alexis Helmer, tué par un obus allemand qui a explosé à ses pieds. Le lendemain, entre les arrivages de blessés, le D^r McCrae griffonne les vers suivants sur un bout de papier.

Au champ d'honneur, les coquelicots
Sont parsemés de lot en lot
Auprès des croix; et dans l'espace
Les alouettes devenues lasses
Mêlent leur chant au sifflement
des obusiers.

Nous sommes morts,
Nous qui songions la veille encor'
À nos parents, à nos amis,
C'est nous qui reposons ici,
Au champ d'honneur.

À vous, jeunes désabusés,
À vous de porter l'oriflamme
Et de garder au fond de l'âme
Le goût de vivre en liberté.
Acceptez le défi; sinon
Les coquelicots se faneront
Au champ d'honneur.

La deuxième bataille d'Ypres n'est qu'un avant-goût de ce qui se prépare. Aux premières semaines de la guerre, avant que chacun ait pu s'installer dans ses tranchées, les Allemands sont parvenus à occuper presque toute la Belgique et une grande partie du nord-est de la France. Puis, à mesure que le front se calme et que cela les accommode, ils abandonnent de petites parcelles de terrain afin de s'établir solidement aux endroits les plus avantageux. Impatients de recouvrer à la fois leur territoire et leur réputation, les généraux français déconcertés — et, bien entendu, leurs homologues britanniques et belges — s'évertuent à trouver une façon de bouter les Allemands hors de leurs positions; mais la topographie et la technologie les tiennent presque toujours en échec. Leurs efforts pour adapter leurs théories militaires classiques aux nouvelles réalités restent d'une singulière ineptie.

Les Allemands ont appris à creuser de profonds abris, où leurs mitrailleurs peuvent se réfugier pendant que le barrage d'artillerie allié cherche à les éliminer. Aussitôt que ce danger s'éloigne, ils sortent de leurs refuges, pour dresser un rideau de feu devant l'infanterie adverse. Ils disposent aussi de réseaux de barbelés presque impénétrables qui sillonnent le no man's land : les ouvertures qui y existent sont, en fait, des zones meurtrières. Mais inlassablement, après des bombardements d'artillerie toujours plus intenses balayant le terrain où leurs soldats devront avancer — ce qui avertit les Allemands à coup sûr de toute attaque en préparation —, les généraux de l'*Entente* lancent leurs hommes dans de véritables enfers.

Sir Richard Turner, VC. Les braves ne font pas nécessairement de bons généraux. [BAC PA 7941]

Sir Julian Byng [BAC PA 1356]

Avec sa silhouette piriforme (et, la main dans la poche, dans une attitude fort peu militaire), Arthur Currie, qu'on voit ici en train de guider des sénateurs canadiens près du front, en 1916, n'eut jamais une allure très martiale. Mais ce fut probablement le meilleur général que le Canada eût jamais engendré. [BAC PA 237]

Après chaque échec, ils modifient très légèrement leur tactique, suivant toujours un principe simpliste d'augmentation des hommes et des canons. Les Allemands réagissent à cette menace plus forte en creusant plus d'abris, des abris plus profonds, souvent recouverts de ciment. Avec des effectifs en croissance et le recours plus intense à des explosifs de grande puissance, la communication et le contrôle deviennent un problème sérieux à tous les niveaux hiérarchiques : les fils téléphoniques sont longs à mettre en place et facilement coupés par les obus, tandis que les communications par radio, bien qu'elles soient techniquement possibles, ne sont pas encore en mesure de répondre aux nécessités pratiques du champ de bataille.

Des généraux plus habiles pourraient jouer avec les possibilités de la dispersion, de l'infiltration et de la surprise, ou simplement décider de rester sur la défensive jusqu'à ce que des idées ou technologies nouvelles puissent leur donner de meilleures chances de réussir. En Angleterre, des hommes avisés commencent à concevoir des véhicules automobiles blindés, armés et munis de chenilles — de véritables navires terrestres pour mener l'assaut. Par contre, les généraux servant en France, qu'ils soient britanniques ou d'une autre nationalité, semblent prisonniers de leur traditionalisme, ce dont leurs hommes sont les premiers à souffrir.

Les officiers canadiens n'ont pas l'expérience professionnelle nécessaire pour remettre en question cette façon de penser et, docilement, la 1re Division se lance à l'assaut des barbelés ennemis à Aubers (en mai 1915), à Festubert (le même mois), puis à Loos (en septembre et en octobre). Semaine après semaine, la liste des pertes s'allonge.

UN CORPS D'ARMÉE CANADIEN

La 2e Division canadienne, formée à partir du 2e Contingent, arrive en France en septembre 1915. Son commandement est confié au major-général Richard Turner, qui a commandé auparavant la 3e Brigade de la 1re Division. Homme d'affaires québécois, Turner est un officier de la milice canadienne et a été décoré de la Croix de Victoria pendant la guerre des Boers. Les deux divisions sont ensuite réunies pour former le Corps d'armée canadien placé sous les ordres du lieutenant-général britannique E. A. H. Alderson, promu du commandement de la 1re Division.

Pour remplacer Alderson, on nomme un autre officier de la milice canadienne, le major-général Arthur Currie, qui a déjà commandé la 1re Brigade. Agent immobilier de l'île de Vancouver, Currie a vécu des moments difficiles avant la guerre et a été sauvé de la ruine par la mobilisation. Son allure gauche et lugubre tout comme son corps piriforme ne projettent pas une image très inspiratrice pour des militaires; mais cette apparence se révélera trompeuse.

En avril 1916, la 2e Division, qui n'a pas encore vu le feu, court au désastre lorsqu'elle est envoyée à Saint-Éloi pour défendre le terrain conquis par les Britanniques, mais rendu méconnaissable par un recours massif aux explosifs de grande puissance et par la pluie abondante. Le manque de reconnaissance aérienne et le mauvais travail de l'état-major laissent croire aux Canadiens qu'ils contrôlent des cratères de mines géants qui sont, en fait,

Le Premier ministre britannique, David Lloyd George, décrivit (cruellement, mais fidèlement) sir Douglas Haig en disant de celui-ci qu'il « brillait jusqu'au haut de ses bottes ». [MDN DHist-4]

Le 8ᵉ Bataillon du Corps expéditionnaire canadien, commandé par le lieutenant-colonel Louis Lipsett (qui serait un jour major-général), défile devant Stonehenge peu après son arrivée en Angleterre en 1914. [BAC PA 117875]

Des volontaires du Yukon quittent Dawson City. Ils n'ont jamais vraiment atteint Berlin, mais ils ont assurément contribué à la victoire. [BAC PA 4984]

toujours aux mains des Allemands. Il faut une semaine douloureuse et coûteuse pour clarifier la situation, après quoi Alderson demande à Turner de préparer avec lui un rapport défavorable sur l'un de ses brigadiers. Turner refuse d'attaquer un de ses subordonnés. Alderson propose alors à Haig de se débarrasser à la fois de Turner et du brigadier en question. Haig, peu désireux d'ennuyer Ottawa en démettant du même coup deux officiers supérieurs canadiens, repousse cette demande.

C'est plutôt Alderson qui est écarté du champ de bataille par une « promotion » au poste d'inspecteur général des Canadiens en Angleterre. Le commandement du Corps d'armée canadien passe à l'honorable sir Julian Byng, qui depuis les trois derniers mois commandait un corps d'armée britannique. Huitième fils du comte de Stafford, Byng est un militaire de carrière britannique chevronné. « Pourquoi m'envoie-t-on chez les Canadiens ? Je ne connais pas un seul Canadien », de répondre Byng aux félicitations d'un ami. « Pourquoi cette farce ?... Enfin, ce qui est fait est fait ; on m'ordonne de les rejoindre, et je ferai de mon mieux. » La nomination de Byng coïncide à peu près avec l'arrivée de la 3e Division, commandée — parce que Sam Hughes n'aime pas les officiers de la force permanente et n'a aucune confiance en eux — par un avocat de Toronto, le major-général Malcolm Mercer.

Alderson avait été plus acceptable aux yeux des Canadiens que de nombreux officiers britanniques auraient pu l'être, mais la jovialité sans cérémonie de Byng gagne vraiment leur cœur. Un médecin haut gradé, Andrew McPhail, attendant le nouveau commandant pour une visite de son hôpital, est surpris de ne pas le voir arriver à cheval, en grande pompe, avec des cavaliers devant pour ouvrir le chemin, un aide de camp et quelques plantons trottant derrière. « Il est arrivé parmi nos chevaux, après être passé à travers une haie, et il a sauté le fossé sans plus de prétention qu'un fermier qui viendrait chez son voisin jeter un coup d'œil à la récolte... Voilà un vrai soldat : imposant, fort, agile, les bottes usées et les guêtres élimées. »

Très tôt, les Canadiens se désignent eux-mêmes avec satisfaction comme « les hommes de Byng ». Même Douglas Haig, qui ne se signale pourtant pas par sa perspicacité, remarque la différence. À la fin de juillet, faisant rapport au roi de sa visite au quartier général du Corps d'armée canadien, il écrit : « L'atmosphère s'est grandement améliorée depuis qu'il [Byng] a pris le commandement. Auparavant, il y avait toujours un peu de jalousie et de friction entre les divisions canadiennes. »

Il faudra cependant un peu de temps encore avant que Byng élabore des idées et des réformes, qu'il les fasse adopter et appliquer. Au mont Sorrel, en juin 1916, il mène de la façon désormais traditionnelle l'avance implacable des Canadiens, qui subissent trois mille nouvelles pertes en une semaine. Pourtant, le statu quo est tôt rétabli par une attaque-surprise des Allemands, qui coûte à la 1re Division et à la 3e Division, récemment arrivée, six mille hommes et officiers. Le général Mercer, qui inspectait sa ligne de front, est au nombre des victimes. Le 4e Bataillon canadien de fusiliers à cheval, où il se trouve lorsque le combat éclate, perd quatre-vingt-neuf pour cent de ses effectifs en quatre jours.

Les fonctions de Mercer sont confiées au major-général Louis Lipsett, auparavant de la 2e Brigade de la 1re Division. Cet officier britannique servait au Canada au moment de la déclaration de la guerre et avait demandé à rester avec le Corps expéditionnaire canadien. La 4e Division, sous le commandement d'un autre officier de la milice, le major-général David Watson (propriétaire du *Quebec Chronicle*), doit se joindre au Corps d'armée canadien en août. Entre-temps, Ottawa fixe à cinq mille hommes par mois (ce qui est trop peu) les renforts nécessaires pour maintenir au combat les soixante mille hommes que le Cabinet estime indispensables pour assurer que le Canada ait son mot à dire au sein des conseils de guerre impériaux, où il a été malvenu jusque-là, comme les autres dominions d'ailleurs.

Ces combattants doivent être soutenus par au moins quarante mille hommes chargés d'organiser et d'assurer l'approvisionnement, de surveiller les arrières, d'assurer les services dans les hôpitaux de base, ou de faire du travail de secrétariat aux quartiers généraux des divisions et du Corps d'armée. D'autres hommes encore sont nécessaires en Angleterre et au Canada pour voir à l'instruction et gérer le flux des renforts. En tout, Ottawa estime qu'il faudrait peut-être réunir un demi-million d'hommes, un nombre que Borden s'engage à respecter, le 1er janvier 1916. C'est en réponse à cet appel que Jack Harris, homme d'âge moyen, qui doit penser au bien-être de sa femme et de leurs deux enfants, s'enrôle le dernier jour de janvier. Sa femme ne lui adresse pas la parole pendant les deux semaines qui suivent!

UNE IDENTITÉ CANADIENNE

Au Canada, un flot régulier de recrues passe par les centres d'instruction élémentaire depuis le début de la guerre. Ces hommes viennent de tous les coins du pays, et les effets sociologiques et culturels de leur rassemblement sont sans précédent dans toute la brève histoire du Canada. Bien que les unités (bataillons et brigades) aient été organisées au départ de façon locale et régionale, les nécessités militaires ont tôt fait de forcer à fusionner ces unités et à mêler les individus. C'est là un point digne d'attention.

Le Canada avait été « aggloméré » pour des raisons purement pragmatiques et souvent pas très morales. Ceux qui s'étaient confédérés en 1867 l'avaient fait pour en retirer des avantages politiques ou économiques, leur décision commune s'appuyant sur deux éléments : la détermination des Britanniques de retirer leurs garnisons de leurs colonies nord-américaines et la conviction qu'avec l'unité, il serait plus facile de déjouer toute velléité d'annexion par les États-Unis. Depuis 1841 — à l'instigation de Londres —, le Québec et l'Ontario formaient une seule province. Le Canada-Est (Québec) n'avait été en faveur de la confédération que pour échapper au resserrement de l'étreinte étouffante du Canada-Ouest (Ontario). Le Canada avait acheté à la Compagnie de la Baie d'Hudson, en 1869, la Terre de Rupert, qui deviendrait les provinces des Prairies; il s'était assuré l'adhésion de la Colombie-Britannique, en 1871, en promettant la construction du chemin de fer, et celle de l'Île-du-Prince-Édouard, en 1873, en retour du paiement de ses dettes.

Tout sentiment de communauté ou de solidarité fait donc sensiblement défaut à ce Dominion du Canada. Un espace pratiquement vide de cinq mille cinq cents kilomètres de long s'étend de Halifax à Victoria. Les provinces atlantiques sont coupées du Québec par le contrefort septentrional de la chaîne des Appalaches qui s'étend jusqu'à la rive sud du

Saint-Laurent. Le Québec et l'Ontario constituent une unité géographique divisée par la culture, plutôt que par la rivière des Outaouais; mais l'Ontario et les provinces des Prairies sont bien séparées, elles, par des terres incultes et rocailleuses, arrosées de nombreux cours d'eau. La Colombie-Britannique, au-delà des Rocheuses, constitue un monde à part.

En 1914, les Canadiens ont encore très peu en commun. Il n'existe qu'un seul chemin de fer transcontinental, pas de route transcanadienne, ni bien entendu de radio d'État ou privée et encore moins de télévision. Les journaux n'ont qu'une portée locale ou régionale. Les aéroplanes sont des objets de curiosité, les automobiles ne sont pour leur part que de nouvelles inventions peu fiables — le premier code de la route a été adopté en 1913. Les voyages sont coûteux en temps et en argent, et généralement inabordables financièrement pour la classe moyenne inférieure et les classes laborieuses.

La population du Dominion dépasse à peine sept millions d'habitants, dont plus de la moitié vit en Ontario et au Québec. On y trouve, dans l'ensemble, presque autant de citoyens d'origine étrangère que de natifs du pays. Trois millions d'immigrants sont arrivés au cours des quinze dernières années : plus d'un million du Royaume-Uni, près d'un million des États-Unis et la plupart des autres de l'Europe centrale et septentrionale. Seules quatre villes (Montréal, Toronto, Winnipeg et Vancouver) comptent plus de cent mille habitants. La moitié de la population vit en milieu rural.

Les seules institutions nationales, dans tous les sens du mot, sont le Parlement et les prolongements exécutifs du gouvernement fédéral, les Postes et le chemin de fer du Canadien Pacifique. Et de ces institutions, les deux premières sont l'expression de politiques certainement plus élitistes que sociales! Il nous est aujourd'hui difficile d'imaginer l'isolement social, culturel et intellectuel du citoyen moyen d'alors.

Mais, entre 1914 et 1916, des dizaines de milliers d'hommes de tous les coins du pays sont réunis, portent les mêmes habits, font les mêmes choses et cherchent à éviter les mêmes vexations bureaucratiques. Avant la fin de la guerre, six cent mille de ces hommes auront revêtu l'uniforme du roi, et plus de quatre cent cinquante mille d'entre eux — sur une population mâle, de dix-huit à quarante-cinq ans, de deux millions et demi — auront porté les armes outre-mer. Aux yeux de leurs alliés, ils sont tous canadiens, et non des habitants du Nouveau-Brunswick, du Québec, de l'Alberta ou d'ailleurs comme ils s'étaient eux-mêmes normalement considérés avant la guerre.

Durant la traversée de l'Atlantique, en 1915, en compagnie du 5e Bataillon canadien de fusiliers à cheval recruté dans les Cantons de l'Est, au Québec, Ken Duggan, officier du 4e Bataillon canadien de fusiliers à cheval de Toronto, écrit que le 5e Bataillon « est une bande de gaillards tout à fait sympathiques ». Des mineurs du Cap Breton discutent le coup avec des conducteurs d'attelage de Moose Jaw, des étudiants montréalais de bonne famille et des débardeurs tapageurs de Vancouver s'affrontent au base-ball, des bûcherons hardis du nord du Nouveau-Brunswick vont lever le coude — pour se retrouver parfois derrière les barreaux — avec des commis guindés dont les horizons s'étaient jusque-là limités aux immeubles de Toronto.

Le 38ᵉ Bataillon défilant sur la colline du Parlement avant de s'embarquer pour l'Europe. On aperçoit ici l'ancien édifice du Centre et l'ancienne tour Victoria, tous deux détruits par le feu en 1916. [BAC PA 4987]

Jack Harris figure quelque part sur cette photographie, prise au camp Niagara en juin 1916. Il défilait alors avec le reste du 169ᵉ Bataillon pour les besoins d'une photo officielle. Lorsqu'on morcela cette unité pour disposer de renforts, Jack fut muté au 4ᵉ Bataillon canadien de fusiliers à cheval. [BAC PA 69817]

S'exercer à enfoncer une baïonnette dans le ventre d'un homme n'a rien de bien élégant, mais les Allemands étaient censés avoir peur de « l'arme blanche ». [BAC PA 4965]

Ben Wagner, un jeune paysan de Paisley, dans le comté de Bruce en Ontario, rappelle (dans *The Great War and Canadian Society* de Daphne Read, publié en 1978), comment, apparemment avec une certaine surprise, il « a rencontré des gens non seulement de partout au Canada... mais aussi de toutes les couches de la société, et ils ont tous l'air semblables ».

Nous étions à Witley Camp et, tout à côté de nous, se trouvait un bataillon de Canadiens français. Nous ne parlions pas beaucoup le français, et ils ne parlaient pas beaucoup l'anglais. Mais ils étaient les meilleurs sportifs que nous ayons jamais vus. Chaque fois que nous avions du temps libre, ils étaient prêts pour une partie de base-ball ou de tout autre sport. C'était une bande de types très sympathiques, joviaux, chaleureux. Mon opinion des Canadiens français a complètement changé après que j'ai passé ce temps avec eux. On rencontrait aussi des gens de la Nouvelle-Écosse ou de l'Île-du-Prince-Édouard, et même de la Colombie-Britannique. Très souvent, on ne s'en rendait compte que s'ils en parlaient. Et on ne savait jamais si on était à côté d'un catholique ou d'un protestant, ou (ce qui était presque aussi sérieux) d'un libéral ou d'un conservateur. On était là, et il était là, sans plus.

En somme, on assiste à un nivellement social à très grande échelle. Personne ne l'exprime exactement en ces termes-là, mais c'est bien ce qui se produit.

VERDUN ET LA SOMME

Au début de 1916, le général Erich von Falkenhayn, commandant en chef des armées allemandes sur le front occidental, cherche à briser l'impasse stratégique imposée par la guerre des tranchées en lançant délibérément une bataille d'usure. Il attaque l'ancienne ville fortifiée de Verdun — un point stratégique crucial, sur la Meuse, que les Français du secteur ne peuvent se permettre d'abandonner sans saper le moral de toutes les troupes françaises —, espérant, soit l'emporter et continuer ensuite sur Paris, soit miner la volonté de combattre de ses ennemis en leur infligeant des pertes insoutenables. La réaction française se cristallise dans le slogan « Ils ne passeront pas! ».

La bataille de Verdun fait rage pendant dix mois, chacun des opposants y laissant près d'un demi-million d'hommes dans une lutte indécise pour un morceau de territoire d'à peine douze kilomètres sur cinq. Les Français perdent du terrain, mais pas Verdun. Pendant ce temps, un général russe, Alexis Broussilov, lance avec succès une contre-offensive contre les Autrichiens et les Allemands sur un front de cinq cents kilomètres dans les vastes plaines de l'Europe orientale. Von Falkenhayn avait mal calculé : maintenant, tant à l'Est qu'à l'Ouest, les Allemands constatent que leurs ressources ont été utilisées au maximum.

Impatient de profiter de l'occasion, mais incapable de le faire seul, le général Joseph Joffre, commandant en chef des troupes françaises, demande alors aux Britanniques de se joindre à lui pour imposer le même genre de pression sur l'ennemi que celle que Von Falkenhayn essaie toujours de faire subir à Verdun. Pour des raisons politiques, sir Douglas Haig se trouve forcé d'acquiescer; les Britanniques se doivent en effet d'être présents au combat, leur propre front ayant été relativement calme depuis la bataille de Loos. Le champ de bataille choisi, accepté à contrecœur par Haig, qui aurait préféré une attaque dans les Flandres pour isoler les Allemands sur les rives de la Manche, se trouve au point de rencontre des armées française et britannique, le long de la Somme.

La défense de type linéaire qui prévaut à l'époque chez les Allemands prévoit trois lignes de tranchées — le front, le soutien et la réserve — creusées à quelques centaines de mètres de distance les unes des autres et pouvant abriter les deux tiers de chaque division du front, l'autre tiers se trouvant quelque peu en retrait. Chaque membre d'un régiment du front doit se trouver à moins de cinq cents mètres du no man's land, même si l'artillerie de plus en plus dévastatrice que possède l'*Entente* inflige ainsi des pertes presque aussi lourdes que celles que font subir les assauts adverses.

Dans la doctrine offensive militaire britannique, l'infanterie qui monte à l'assaut dépend « essentiellement de l'artillerie, avec très peu de soutien de tireurs d'élite et de francs tireurs », jusqu'au moment où les baïonnettes peuvent constituer « le facteur décisif ». À cette époque, tous, Britanniques, Français et Canadiens, manquent d'entraînement*. Or des hommes n'ayant que des rudiments

---

* Des 50 000 Canadiens envoyés en France entre avril 1915 et octobre 1916, environ 20 000 étaient considérés par leur propre commandant comme n'ayant reçu qu'une instruction militaire partielle.

d'instruction militaire sont plus faciles à contrôler lorsqu'ils sont disposés en ligne. D'où l'importance accordée par les officiers au maintien de telles lignes dans la bataille, les attaquants se trouvant à environ deux mètres les uns des autres. Même durant une avance en terrain accidenté, on permet peu de digression à ce principe.

« L'expérience a maintes fois démontré que pour capturer une tranchée ennemie, la file unique a souvent échoué », déclare l'état-major de Haig, dans une approche curieusement mathématique de la tactique militaire. « La double ligne de soldats a le plus souvent échoué mais parfois réussi, la ligne triple a généralement réussi et parfois échoué, tandis que, dans le cas de quatre lignes ou plus, le succès a été la règle générale. »

Cette préférence pour l'avance en lignes est nettement renforcée par la nécessité pour l'infanterie de progresser juste derrière un barrage d'artillerie, de façon à parvenir aux tranchées ennemies aussitôt après le passage de celui-ci et avant que l'ennemi puisse sortir de ses abris et activer ses mitrailleuses. C'est là le seul espoir d'arriver chez l'adversaire avec suffisamment d'hommes encore debout pour le vaincre au corps à corps (ou, plus souvent, au « grenade à grenade »). Un barrage d'artillerie sur une ligne plus ou moins droite devançant celle des fantassins est essentiel afin de réduire le risque que ces derniers ne soient touchés par leurs propres obus. Or, ce type de barrage linéaire est celui pour lequel les artilleurs sont le mieux équipés et le mieux formés. La ligne droite est donc le mot d'ordre.

C'est ainsi que, le 1er juillet 1916, commence un autre holocauste, précédé par sept jours d'un feu roulant fourni par mille cinq cents canons de l'*Entente*, visant principalement à ouvrir des brèches dans les barbelés allemands et à empêcher les équipes de travail ennemies de les réparer à la faveur de la nuit. À l'aide d'obus et d'explosifs de grande puissance, il est facile de rendre le terrain intenable pour ceux qui réparent les fils, mais il est difficile de couper systématiquement les barbelés. Les éclats tranchants de métal en fusion, provenant d'obus à retardement réglés pour exploser au-dessus du sol, ne coupent les fils que si l'explosion se fait au centième de seconde près. Si elle se produit trop tôt, les fragments se dispersent dans l'air sans toucher le barbelé; si elle a lieu trop tard, ils finissent dans la boue.

Trop souvent, les barbelés restent intacts. Puis, à l'heure H, le barrage roulant s'avance en direction des tranchées allemandes, gagnant une centaine de mètres toutes les deux minutes. Tout près derrière, les « pauvres diables de fantassins » surchargés grimpent hors de leur tranchée et commencent à avancer péniblement dans la boue et le sol retourné par les obus, cherchant quelque ouverture dans les barbelés.

Les Allemands sont blottis dans leurs tranchées et leurs abris pendant que le barrage leur passe dessus; mais, aussitôt après ils montent rapidement aux parapets pour abattre les soldats ennemis aux prises avec les abominables barbelés. « Avez-vous vu le caporal? Je sais où il est... », chantent ironiquement les survivants de chaque attaque infructueuse, lorsque, une fois la tuerie momentanément interrompue, ils se retrouvent dans la chaleur et la bonne humeur d'une cantine ou d'un estaminet, quelque part derrière les lignes.

Qui a vu le caporal?
Je sais où il est —
Il est resté accroché aux barbelés.

Comment le sais-tu? Je l'ai vu.
Je l'ai vu, je l'ai vu,
Accroché aux barbelés.

Les Allemands n'ont pas plus de succès pour épargner des vies. Tandis que Joffre et Haig demandent à leurs hommes d'attaquer sans cesse, Von Falkenhayn ordonne aux siens de défendre chaque mètre de boue de la Somme, coûte que coûte. La plupart des assauts prennent fin lorsque les attaquants sont décimés par les obus et les mitrailleuses et que leurs opposants sont anéantis par les explosifs de grande puissance et par les gaz auxquels les armées de l'*Entente* ont maintenant recours, elles aussi. (Le phosgène, très dangereux, est le plus employé; l'ypérite, le gaz le plus nocif de tous, ne sera utilisée qu'à partir de l'été 1917.)

Occasionnellement, dans la frénésie d'un combat rapproché et au coût de pertes énormes, les attaquants atteignent et prennent une tranchée ennemie pour avoir ensuite à subir des contre-attaques désespérées, parfois repoussées, mais plus souvent couronnées de succès. Le terrain derrière eux (l'ancien no man's land) est généralement encore balayé par le feu de l'ennemi et a été transformé en un marais de boue et d'eau par le tir des artilleurs des deux camps. Il est donc extrêmement difficile d'y faire transiter la quantité de munitions et de grenades qui permettraient de tenir la position conquise.

Le régiment de Terre-Neuve, incorporé à une division britannique, est du célèbre « premier jour sur la Somme », alors qu'une attaque générale

Grâce à la photographie aérienne, l'ennemi ne pouvait dissimuler la forme et l'étendue de ses défenses. Sur cette photo des positions allemandes, près de Vimy, un officier de renseignements a aimablement indiqué la position des abris, des barbelés (y compris les brèches) et d'un câble enfoui. Observons que la première ligne de barbelés suit un tracé zigzaguant et que les tranchées sont creusées de façon à protéger leurs défenseurs contre d'éventuels tirs d'enfilade. [BAC C 55268]

Generalfeldmarschall von Hindenburg, à gauche, en compagnie du général Ludendorff. [MDN DHist-3]

L'un des chars qui secondèrent l'attaque des Canadiens à Flers-Courcelette. [BAC PA 1012]

a lieu sur un front de quarante kilomètres — dont le tiers est français. Les 3ᵉ et 4ᵉ Armées britanniques y perdent plus de 57 000 hommes dont plus de 700 sont des Terre-Neuviens, tués et blessés, en moins de trente terribles minutes à Beaumont-Hamel. Pour leur part, les bataillons canadiens ont la bonne fortune de ne pas participer aux phases initiales de la bataille.

LE CORPS D'ARMÉE CANADIEN SUR LA SOMME

Le Corps d'armée canadien, comptant toujours trois divisions, reste en « défensive agressive » sur le saillant d'Ypres pendant les premières étapes de la bataille. Durant l'été, les dernières carabines Ross, de conception et de fabrication canadiennes — un des projets chers à Sam Hughes —, sont retirées et remplacées par des Lee-Enfield britanniques : la Ross n'a pu soutenir les rigueurs du champ de bataille.

À la fin d'août, dans la bataille de la Somme, les Britanniques et les Français subissent respectivement près de deux cent mille et plus de soixante-dix mille pertes, tandis que leurs opposants ont perdu environ deux cent mille hommes. Tout cela afin de pouvoir réoccuper, le long des deux rives de la Somme, une lisière de boue imprégnée de sang d'une largeur moyenne de moins d'un kilomètre.

Von Falkenhayn est remplacé. Le *Feldmarschall* Paul von Hindenburg, ex-commandant en chef du front oriental et destiné à devenir sous peu commandant suprême de toutes les armées des Empires centraux, prend maintenant la situation en main. Pour le seconder, à la tête de son état-major, vient le *Generalleutnant* Erich Ludendorff, à la fois désireux et impatient de résoudre les problèmes tactiques de la guerre des tranchées.

Du côté de l'*Entente*, malgré un sourd mécontentement croissant sur le plan politique, Britanniques et Français restent pour le moment fidèles à leurs commandants en place. Joffre sera démis de ses fonctions à la fin de l'année, mais Haig, ami personnel du roi George V, restera en poste jusqu'à la toute fin de la guerre.

Haig a déjà raté ses premières attaques conduites à l'aide de troupes britanniques et australiennes. Il décide, à la mi-août, de lancer une autre offensive majeure un mois plus tard avec des « forces fraîches et toutes les ressources disponibles ». Sir Henry Rawlinson, l'un des généraux britanniques les plus progressistes (ce qui, malgré tout, ne veut pas dire grand-chose), propose une attaque en trois étapes à la faveur de trois nuits successives de pleine lune. Son supérieur repousse cette idée, préférant tout miser sur une seule attaque à la façon traditionnelle. Avec une variante mineure — dont nous parlerons dans un instant — l'artillerie doit conquérir et l'infanterie occuper.

Au sein des « forces fraîches », on compte des Canadiens. Le poids de l'attaque doit être porté par la 4ᵉ Armée de Rawlinson, tandis que l'Armée de réserve de sir Hubert Gough, comprenant le Corps d'armée canadien, doit effectuer une poussée pour protéger le flanc de la 4ᵉ Armée. Les Canadiens marchent vers le sud à partir d'Ypres puis, la 1ʳᵉ Division occupe une position relativement calme du front de la Somme mais dont l'étendue commande habituellement la présence

Un poste de secours situé à proximité du front, en septembre 1916. Depuis la guerre des Boers, la médecine avait fait d'extraordinaires progrès. Même en l'absence d'antibiotiques, ces hommes jouissaient donc d'une meilleure chance de survivre à leurs blessures que les soldats de toutes les guerres précédentes. [BAC PA 909]

Le no man's land; des obus éclatent au loin. [BAC PA 786]

Des cavaliers escortent vers l'arrière des prisonniers allemands capturés sur la Somme. On peut se demander pour quels mystérieux motifs les plus proches de ces prisonniers dissimulent leur visage au photographe. [BAC PA 962]

d'un corps d'armée. Pour leur part, les 2ᵉ et 3ᵉ Divisions se préparent à la bataille prochaine, alors que la 4ᵉ Division « réchauffait » ses unités loin derrière le front.

Dès le départ, les augures sont sombres. La 3ᵉ Brigade de la 1ʳᵉ Division se voit infliger un millier de pertes en une semaine, alors qu'avec l'appui d'une brigade australienne elle se bat au corps à corps pour prendre le contrôle d'une misérable petite section de tranchées prêtes à s'écrouler, qu'elle tente ensuite de protéger des contre-attaques inévitables. Le 8 septembre, alors que la 2ᵉ Brigade s'apprête à venir relever la 3ᵉ, les Allemands regagnent habilement la tranchée désormais entièrement détruite.

Le 15 septembre, les 2ᵉ et 3ᵉ Divisions participent à la grande bataille, où des chars sont utilisés pour la première fois au combat. Conduits par des soldats britanniques, ils surprennent désagréablement les Allemands et rehaussent le moral des troupes britanniques. « Un char remonte la rue principale de Flers avec l'Armée britannique en liesse derrière lui », note un observateur enthousiaste. D'après le service de renseignements du Corps d'armée canadien, les Allemands rapportent qu'avec les chars, ce n'est « pas la guerre, mais une boucherie sanglante ».

Les chars ne sont pas encore l'arme décisive. Bien sûr, ils réussissent à démanteler les barbelés, ils sont à l'épreuve des fusils et des mitrailleuses et résistent à tout, sauf au tir direct des canons lourds. Leurs propres canons et mitrailleuses font des ravages chez l'ennemi. Mais ils sont lents, peu fiables et, malgré leurs chenilles, n'arrivent souvent pas à avancer dans la boue.

Sur un meilleur terrain, ils auraient pu faire plus. Leur introduction prématurée dans la bataille de la Somme témoigne du désir désespéré des généraux de résoudre rapidement le dilemme tactique devant lequel ils se trouvent. Au total, quarante-neuf des soixante chars alors présents en France sont affectés à l'attaque, mais seulement trente-deux réussissent à atteindre leur ligne de départ, et seuls dix tiennent assez longtemps pour aider l'infanterie à atteindre ses objectifs.

Huit chars sont alloués aux Canadiens. Quatre s'enlisent dans la boue, le cinquième est détruit par un obus, le sixième tombe en panne, le septième fait volte-face juste avant d'atteindre son objectif et le dernier parvient à la troisième ligne de tranchées ennemie où il cause des dommages matériels considérables avant de laisser l'infanterie occuper le terrain conquis.

La 2ᵉ Division arrive en quelques heures aux abords de Courcelette, qui est à peine plus qu'un amas de décombres, mais il lui faut deux autres jours pour prendre définitivement possession de l'endroit. Le 22ᵉ Bataillon repousse quatorze contre-attaques, dont sept dans la première nuit. « Si l'enfer est aussi horrible que ce que j'ai vu à Courcelette », écrit dans son journal leur commandant, le lieutenant-colonel T. L. Tremblay, « je ne souhaiterais pas à mon pire ennemi d'y aller ».

Tout comme les Allemands avaient épuisé leurs stocks de gaz à Ypres en 1915, les Britanniques sont momentanément à court de chars. La 1ʳᵉ Division vient alors se placer à gauche de la 2ᵉ afin d'effectuer

La fatigue causée par la bataille est évidente sur les visages de ces soldats canadiens revenant du front, en novembre 1916. [BAC PA 832]

Ces Canadiens-ci, par contre, étaient réellement très heureux, car ils quittaient la Somme. [MDN O-827]

une autre percée dans les lignes allemandes, au-delà de Thiepval, une petite crête au bout d'une longue pente si douce qu'elle est presque imperceptible à l'œil nu. Les tranchées Zollern *Graben*, Hesse et Regina, avec son embranchement Kenora — tous des noms de code des objectifs canadiens — sont devenues des souvenirs légendaires chez les survivants de ceux qui les ont conquises et perdues de nouveau par la suite.

Currie raconte à Odlum (qui commandait maintenant la 11e Brigade) qu'il avait « vu un des blessés coiffé du casque d'un officier allemand ».

Une balle lui avait traversé le nez, mais il ne se souciait pas d'une telle éraflure. L'officier [allemand s'était] retourné pour courir, et il lui avait enfoncé environ quatre pouces d'acier dans les reins, puis s'était approprié son casque.

Les effectifs de la 3e Division passent de douze mille hommes, qu'ils étaient à l'origine, à trois mille cinq cents. La 3e Brigade de la 1re Division perd à elle seule trois mille hommes. Un bataillon qui a reçu un renfort de trois cent cinquante hommes en un mois ne peut tout de même plus réunir que cent cinquante hommes valides, sur les huit cents qu'il comptait au départ. Rien de surprenant alors si le moral baisse chez les moins stoïques et si la discipline se relâche. Il faut prévoir des « frontières », où des policiers militaires sont chargés d'arrêter quiconque essaie de quitter le champ de bataille sans en avoir reçu l'ordre ou avoir été blessé.

Néanmoins, la plupart des hommes refoulent leur peur et combattent longtemps et énergiquement pour chaque motte de boue de la Somme. Byng, préoccupé, ordonne une enquête sur la perte de la tranchée Regina, dont une partie avait été prise à l'ennemi, le 8 octobre 1916, avant d'être reperdue. Deux jours plus tard, Arthur Currie explique qu'il a « personnellement mené une enquête plus poussée, interrogeant tous les officiers survivants non blessés... ainsi qu'un grand nombre de sous-officiers et de simples soldats ».

De nombreux sous-officiers m'ont dit qu'on leur avait montré une carte, pourtant ils ne pouvaient reconnaître la mienne. Une carte peut s'avérer très utile, mais ce bataillon s'y fiait trop. Si leurs objectifs avaient été reproduits sur le sol, et si les cartes avaient été examinées et expliquées en conjonction avec ces reproductions, les hommes seraient allés au combat avec une idée beaucoup plus claire de leurs tâches...

Le lieutenant Simmie, officier grenadier du [4e] Bataillon, s'est avancé, contrairement aux ordres, et... a dû combattre sans répit pendant des heures... Il continuait à demander sans cesse des bombes [c'est-à-dire des grenades à main]... Simmie a combattu jusqu'à épuisement des grenades. Touché deux fois, il a repris le combat avec un fusil...

Tous les officiers de la Compagnie C étaient blessés avant le repli.

Au début de l'attaque, cette compagnie comptait environ cent hommes; elle devait en perdre soixante-huit. La Compagnie D, chargée de l'assaut sur la gauche, a essuyé des pertes considérables... se heurtant à des barbelés fixés à de longs pieux, étalés sur une largeur d'environ quinze verges. Des vingt-quatre hommes d'un peloton, seuls sept sont parvenus à la tranchée Regina. Ils sont tombés sur des Allemands dans d'anciennes positions à canon situées devant la tranchée, y faisant dix prisonniers et y tuant et blessant environ dix autres soldats... La Compagnie A du 3ᵉ Bataillon a fermé la tranchée REGINA, près de la tranchée Below, et a résisté tant et aussi longtemps qu'il lui restait des grenades. Le lieutenant Chatterton a lancé deux attaques à la baïonnette qui ont échoué...

J'ai étudié soigneusement le nombre de grenades transportées. Le 3ᵉ Bataillon en a apporté 3 800 et 480 autres lui ont été envoyées vers 8 h 30. Profitant d'une accalmie, vingt hommes ont transporté vingt-quatre grenades chacun. Douze de ces « ravitailleurs » ont été tués sur le chemin du retour. Huit autres hommes sont partis avec trente grenades chacun, mais cinq d'entre eux ont été tués. Avec des pertes de soixante pour cent, je pense qu'on peut dire que des efforts de ravitaillement en grenades relevaient d'une solide détermination.

... il semble que les hommes aient utilisé leurs fusils comme des gourdins et n'aient pas abandonné tant qu'ils avaient des grenades; ceux de la tranchée de soutien REGINA n'ont retraité qu'une fois presque isolés. Des quinze officiers qui ont participé à l'attaque, quatre ont été tués et huit, blessés, le tout avant que le Bataillon ne soit repoussé.

Je ne peux excuser le Bataillon pour le manque de clarté dans ses ordres d'opération, pour le fait qu'il n'ait jamais répété son rôle, ni donné suffisamment d'explications aux hommes... pourtant, même si toutes ces lacunes n'avaient pas existé, les barbelés seraient restés intacts, et l'approvisionnement en grenades se serait interrompu tout aussi tôt.

Toutes les leçons à tirer de ces opérations, tous les points (et ils sont nombreux) à améliorer; tout ce qui n'a pas été fait, ou qui a été mal fait, ou qui aurait pu être mieux fait, je tiens à les étudier non seulement avec les 3ᵉ et 4ᵉ Bataillons, mais aussi avec tous les bataillons de cette Division.

Lentement, laborieusement, la 2e Division avance d'un autre kilomètre, jusqu'aux hauteurs de l'Ancre. Dans les divisions britanniques, à chaque attaque successive, la malheureuse première vague est affectée l'objectif final, les autres suivent pour le « nettoyage ». On n'envisage aucunement l'interdépassement des compagnies, des bataillons ou des brigades, et si, par un valeureux effort, l'objectif est atteint, tous les survivants doivent alors consolider cette nouvelle position et la tenir jusqu'à l'arrivée des renforts. C'est là la doctrine standard, et les Canadiens — sauf Sam Hughes qui est, bien entendu, trop occupé à ses jeux politiques à Ottawa! — gardent un respect malsain pour les gens qu'ils estiment être de véritables professionnels. « En tant que commandant subordonné au sein d'une vaste armée », engagé à bref délai, dans un combat pensé par quelqu'un d'autre, Byng a très peu d'influence sur le cours des événements. Comme le fait observer son biographe, « on lui assigne un front très limité, et il n'a aucun autre choix que de donner l'assaut direct aux objectifs qui lui sont confiés ».

Même la disposition prévue pour l'avance de son infanterie était imposée [par le haut] comme l'étaient le type et l'intensité du tir de son artillerie. Tout ce qu'il pouvait faire, c'était de répartir les objectifs entre ses commandants de division, de coordonner leurs plans et de les stimuler...

En apparence, il restait le commandant confiant, joyeux et énergique. Le seul signe évident de son inquiétude était qu'il passait beaucoup de temps à réfléchir. Pendant la campagne de la Somme, le quartier général du Corps d'armée canadien se trouvait à Contay, où Byng, tête nue, arpentait très souvent les terres du vieux château, perdu dans ses pensées...

Le 10 octobre, la 4e Division arrive du saillant d'Ypres, où elle s'est exercée pendant les deux derniers mois, et est placée temporairement sous le commandement d'un corps d'armée britannique. Le reste du Corps d'armée canadien — sauf l'artillerie, qui est toujours nécessaire — est ramené en réserve. Dans ce qui devait être la dernière action canadienne sur la Somme, ces Canadiens frais et dispos, non usés par le combat, reprennent finalement la tranchée Regina et poussent plus avant de cinq cents mètres jusqu'à la tranchée Désire. Lorsque tombent finalement ces lignes âprement disputées, elles sont virtuellement impossibles à distinguer de la boue qui les entoure. Le 18 novembre, l'assaut des pluies hivernales force les généraux à interrompre leur campagne.

Lorsque la bataille prend fin, les Britanniques ont perdu quatre cent vingt mille hommes, les Français, environ deux cent mille; et les Allemands, autant que les Britanniques et les Français réunis. Les pertes des Canadiens s'élèvent à vingt-quatre mille hommes, soit trente et un pour cent des enrôlés. « Nous avons déjà atteint les trois grands objectifs que nous nous étions fixés au début de notre offensive, en juillet », écrit sir Douglas Haig dans sa dépêche. « ...Nous avons dégagé Verdun, maintenu le gros des troupes allemandes sur le front de l'ouest et très sérieusement affaibli les forces de l'ennemi. Un seul de ces trois résultats aura suffi à justifier la bataille de la Somme. »

CHAPITRE II

CHAPITRE II

LE CHEMIN DE LA CRÊTE DE VIMY

Lorsque les 1re, 2e et 3e Divisions canadiennes quittent la Somme, à la mi-octobre 1916, toute leur artillerie demeure avec la 4e Division afin d'y poursuivre le combat un autre mois. La veille du jour où la 4e se replie enfin, l'un des artilleurs de la 1re Division qui était en place, G. L. Magann, note dans son journal : « Il est question de nous relever bientôt et de nous envoyer rejoindre notre division sur la crête de Vimy, près de Béthune. Ce serait un endroit très convenable où passer l'hiver, surtout s'il doit être aussi paisible que le précédent. »

Les Canadiens passeront l'hiver aux pieds de la crête de Vimy, et non dessus; sur le plan des opérations, la saison sera en effet tranquille. Le Corps protège une étendue de seize kilomètres de front, que chaque division quitte à tour de rôle pour se reposer, récupérer et s'entraîner. En règle générale, un fantassin passe quatre ou cinq jours à monter la garde (et à se gratter!) dans la boue et la crasse surabondantes caractérisant le front. Il n'a alors que de la nourriture tiédasse à partager avec les rats omniprésents, et un renfoncement dans la paroi de la tranchée où sommeiller. Il consacre ensuite quatre ou cinq autres jours en échelon d'appui : il y a droit à deux repas chauds et, avec de la chance, à un abri de terre muni d'un toit de fer galvanisé. Enfin, pendant sept à dix jours, il se retrouve en réserve de bataillon, avec des repas réguliers et, peut-être, une baraque de bois et de tôle à peu près convenable pour le protéger du froid.

En réserve de brigade, le bataillon au complet se replie hors de portée de l'artillerie pour manger et dormir dans des fermes délabrées et désertées ou dans les caves de villages dévastés. Notre fantassin fait partie d'équipes qui, chaque nuit, transportent des approvisionnements à l'avant ou réparent des tranchées de réserve, ce qui le tient occupé (et fatigué); mais il a la chance de prendre un bain et l'occasion de remplacer sa chemise et son caleçon sales par des vêtements propres. Bien sûr, il trouve encore des « morpions » (ou poux), dans les coutures de son uniforme, et bien des heures de liberté se passent à se « démorpionner », tout en échangeant des potins avec les camarades.

Lorsque la division au complet passe en réserve, hors de portée des pièces les plus lourdes de l'ennemi, il arrivera même au soldat de se faire épouiller. Bien sûr, il a droit aux rassemblements, aux corvées, de même qu'aux exercices du maniement des armes, mais une grande partie de ses soirées et de ses nuits lui appartiennent. Il peut compter sur deux repas bien chauds par jour et, même, se retrouver réellement propre, sans rien pour le démanger.

MOUVEMENTS DE PERSONNEL

Les combats de la Somme ont révélé que beaucoup de choses restaient à faire pour transformer le Corps en une machine à combattre plus efficace. Tant du point de vue de l'organisation que de l'instruction, l'hiver n'aura donc rien de paisible. L'un des problèmes qui ont assailli les Canadiens au cours de la première année d'existence de leur corps d'armée était la valeur extrêmement inégale de ses officiers. Sam Hughes, le ministre lunatique de la Milice, reste convaincu que les amateurs comme lui font de meilleurs combattants que les soldats professionnels, et que lui-même possède des qualifications exceptionnelles pour organiser et superviser les efforts de guerre du Canada.

Il s'appuie souvent sur cette conviction, à sa manière fruste et rude, pour justifier son ingérence dans des questions militaires qui, à vrai dire, ne relèvent aucunement de ses attributions ministérielles. Par exemple, c'est sans aucun doute à lui qu'il incombait de nommer les premiers commandants du Corps expéditionnaire canadien. Dans leur nouvelle profession, certains de ses protégés, au nombre desquels sir Arthur Currie et Victor Odlum, ont fait preuve d'une compétence dépassant les attentes; ce ne fut pas le cas pour plusieurs autres. Par contre, les nominations et les promotions subséquentes auraient dû être laissées aux commandants responsables sur le terrain, particulièrement lorsqu'elles risquaient de mettre directement en jeu la vie des soldats, comme ce fut le cas en France.

Au contraire, Hughes intervient constamment au gré de ses illusions personnelles en matière militaire et de ses propres caprices politiques, souvent bizarres. Le major-général sir Charles Harington, un Britannique aux manières réservées, nommé chef d'état-major d'Alderson dans le Corps d'armée canadien embryonnaire, est décontenancé : « Au début, le poste me sembla difficile à cause du rôle important que semblait jouer la politique. Sir Sam Hughes envoyait, du Canada, des instructions relatives au commandement des brigades, etc. »

Hughes envoie aussi des instructions sur pratiquement tout le reste. Il oublie totalement l'importance de l'ordre « bureaucratique » ou bien il n'y a jamais rien compris. Sa multiplication des postes, qui ne repose d'ailleurs sur aucun motif compréhensible, suscite de profondes jalousies au sein des forces d'outre-mer et sème derrière elle le trouble et la confusion. Enfin, son élévation (sur la recommandation de Borden) au rang de chevalier et, en octobre 1916, sa promotion subséquente par les Britanniques (grâce à ses manipulations politiques) au grade honoraire de lieutenant-général, ne font qu'accentuer à l'excès sa confiance en lui-même et en l'excellence de son jugement personnel.

Devenu « sir Sam », son attitude ne fait qu'empirer au lieu de s'améliorer. Faisant un dernier effort pour mettre de l'ordre dans ce chaos, le Premier ministre cherche à mettre sur pied à Londres un ministère d'Outre-mer sous un chef (autre que Hughes), qui aurait rang ministériel et relèverait directement du Cabinet, à Ottawa. Hughes, en train d'inspecter scrupuleusement les camps d'outre-mer (et, malgré ses soixante-trois ans, se permettant de dispenser quelques notions de combat à mains nues

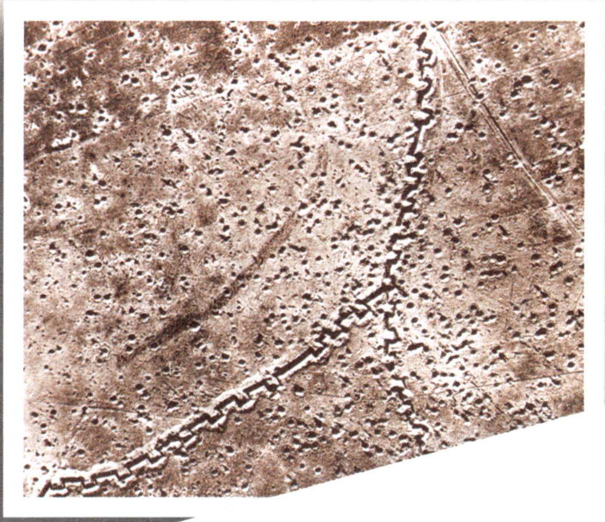

La jonction à l'aspect désolé des tranchées Regina et Kenora, où la 4ᵉ Division canadienne livra la dernière des batailles de la Somme. On petit distinguer très clairement, sur cette photographie, les interminables crénelures qu'on faisait suivre au tracé des tranchées, de sorte que, si l'ennemi pénétrait dans l'une d'elles, il lui serait impossible de la prendre en enfilade. [BAC C14151]

« Rien de tel que le sommeil après la bataille, et que la tranquillité après le bruit » William Morris. [MDN DHist-6]

Ces positions de pièces en ruines, avec leur toit de fer galvanisé, pouvaient encore fournir des quartiers acceptables à des troupes en réserve d'unité. [BAC PA 94]

Déjeuner en deuxième ligne, l'un de ces rares jours où le soleil brillait et où, aux yeux du soldat, tout semblait être pour le mieux dans le meilleur des mondes. [BAC PA 166]

dans ses heures libres), ne tient aucun compte des intentions de Borden et met sur pied son propre sous-conseil de la Milice, garni de ses flagorneurs personnels qui ne doivent répondre qu'à lui, ministre de la Milice.

Borden répugne au plus haut point à congédier Hughes sans autre forme de procès, car celui-ci dispose de puissants partisans au sein du Parti conservateur et il s'est jadis montré un vaillant défenseur du statut distinct du Corps expéditionnaire canadien. Néanmoins, pendant que le Corps d'armée canadien se fraye un chemin jusque dans la tranchée Regina (puis hors de celle-ci) et sur les hauteurs de l'Ancre, des lettres et des câbles furieux s'entrecroisent à travers l'Atlantique. Le 9 novembre 1916, Borden rassemble enfin le courage politique nécessaire pour congédier son ministre récalcitrant. « Vous semblez animé, lui dit-il, d'un désir, et même d'une intention, d'administrer votre ministère comme si c'était un gouvernement distinct et séparé en soi. »

Si, à Ottawa, la joie et la colère se disputent les esprits, en France, les combattants ne connaissent que la joie. Voici ce qu'écrit le lieutenant John Creelman en apprenant la nouvelle :

Nous éprouvons tous une satisfaction nouvelle. Nous marchons d'un pas plus allègre... Le Mullah fou du Canada a été déposé; le baron de Munchausen canadien va perdre son influence... Le plus grand soldat depuis Napoléon a été exilé dans son Elbe de rodomontades et le plus formidable obstacle au succès de nos armes a été levé. Hosanna! Je n'aime pas donner de coups de pieds à un homme tombé par terre, mais je suis bien prêt à me casser neuf orteils en frappant Sam à l'estomac ou à la figure, ou n'importe où.

Un autre qui déborde sans doute de joie est le bureaucrate ambitieux (et conventionnel) sir George Perley, le haut-commissaire du Canada à Londres, qui entre maintenant au Cabinet à titre de chef du nouveau ministère d'Outre-mer du Canada.

Sur la scène plus vaste des affaires de l'*Entente*, « Papa » Joffre est parti. Il a pour successeur le général Robert Nivelle, dont les contre-attaques, à Verdun, ont connu un bref succès à la fin de l'automne. Nivelle, personnage factice, parlant couramment l'anglais, paraît bien plus sympathique à des hommes d'État du même métal, que Joffre, ferme, mais unilingue. En Grande-Bretagne, le cabinet de coalition d'Asquith tombe en décembre. Il est remplacé par le gouvernement de l'ex-ministre des Munitions, David Lloyd George, qui, lui aussi, s'exprime couramment en anglais*.

En congédiant Hughes, Borden rend possible un premier pas vers l'amélioration de l'aptitude au combat du Corps d'armée canadien. En effet, Byng peut maintenant remanier son personnel sans avoir à consulter Londres ou Ottawa. De fait, entre le 15 octobre 1916 et le 1er avril 1917, un commandant de division

---

* Il n'est peut-être pas inutile de rappeler ici que Lloyd George était gallois. (*N.D.T.*)

« Le plus grand soldat depuis Napoléon? » Sam Hughes interrompt un exercice de baïonnette pour donner un « bon tuyau » en matière de combat à mains nues. [BAC PA 596]

Une cuisine de bataillon. [BAC PA 20]

Il est difficile de croire que c'est leur seul mérite personnel qui valut à des membres de la famille Hughes le commandement de deux des douze brigades (et, par la suite, d'une division) d'infanterie canadiennes. Pourtant, sir Sam donna à son fils, Garnet, le commandement de la 5ᵉ Division embryonnaire, et à son frère cadet, William St Pierre Hughes, celui d'une brigade. [BAC PA 698]

Au moins Sam Hughes avait-il la tête de l'emploi. Sir George Perley, par contre, nommé ministre des Forces militaires canadiennes d'Outre-mer, en novembre 1916, offrit un spectacle grotesque sur le champ de bataille, lors de sa visite au Corps d'armée canadien. [BAC PA 1770]

(Turner), deux commandants de brigade et quinze commandants de bataillon font l'objet de promotions, de mutations ou d'affectations à l'extérieur du Corps.

Ceux qui sont promus ont tous démontré leur valeur sur la Somme. D'autres officiers ayant fait leurs preuves sont mutés à la place de ceux qui sont affectés à l'extérieur du Corps. Dans l'ensemble, Turner s'est avéré plus médiocre que mauvais, mais, maintenant, que le besoin urgent se fait sentir d'un commandant militaire canadien en Angleterre, il est, doyen des majors-généraux d'outre-mer, le candidat tout indiqué. Byng est heureux de le voir partir. On accorde la 2e Division au major-général H. E. Burstall, un officier de la force permanente qui a jadis commandé l'artillerie du Corps; grâce à une promotion, son successeur, qui fut longtemps journaliste, est un vétéran distingué de la guerre des Boers, et un autre des meilleurs hommes choisis par Hughes, le brigadier-général E. W. B. Morrison.

L'ENTRAÎNEMENT DU CORPS D'ARMÉE

Les récents succès de Nivelle à Verdun ont grandement impressionné Haig qui, en janvier 1917, donne l'ordre de dépêcher quelques officiers supérieurs sur les lieux afin de découvrir en quoi diffère la manière de procéder des Français. Byng envoie Currie comme représentant du Corps canadien, et « Old Guts and Gaiters » (littéralement, « Vieille panse à guêtres », surnom irrévérencieux dont les hommes de Currie l'avaient affublé, non sans humour) ramène de Verdun quelques observations et suggestions intéressantes.

« Chaque homme a pu voir le terrain sur lequel il attaquera. On lui indique son objectif, ainsi que les endroits où il peut s'attendre à rencontrer une résistance ou des obstacles. » Currie explique que les troupes d'assaut sont ensuite retirées du front et qu'on les remplace par des formations de second ordre qui doivent effectuer, avant l'attaque, les « travaux de terrassement » nécessaires. Ceux qui monteront à l'assaut devront se présenter encore tout frais au massacre.

Currie remarque particulièrement que les objectifs assignés aux attaquants par les Français consistent en « une ligne de points tactiques », c'est-à-dire d'accidents de terrain naturels présentant de l'importance au point de vue militaire, tels une crête, un cours d'eau ou un mamelon. Il rappelle que, trop souvent, chez les Britanniques et les Canadiens, « nos objectifs sont des tranchées allemandes hostiles » que, de toute façon, le bombardement d'accompagnement risquait de défigurer complètement.

La nécessité d'un meilleur entraînement des pelotons et des compagnies, ajoute-t-il, est « la plus grande leçon que j'aie tirée de ma visite de Verdun ».

Les divisions choisies pour l'attaque sont entraînées spécialement pour le travail qu'elles auront à faire. L'entraînement se déroule sur un terrain ressemblant d'aussi près que possible à la zone où elles auront à attaquer. Tout l'entraînement se fait au niveau des pelotons et des compagnies.

Le major général Henry Burstall, artilleur de la force permanente né à Québec, qui succéda au général Turner à la tête de la 2ᵉ Division, en décembre 1916, et conserva ce commandement jusqu'à la fin de la guerre. [BAC PA 2276]

On présente au roi les officiers d'état-major du Corps d'armée canadien. De gauche à droite : Burstall, Byng, le roi George V. Farmar, Lindsey, Currie (A. C., et non A. W.), Radcliffe, Foster, Brooke, Rennie, Ketchen, Thacker, Webber, Frith, Kearsley, Hill, Elmsley, Hayter et MacBrien. Parce que le Corps demeura une formation nationale distincte, ces officiers passèrent de nombreux mois à travailler ensemble, ce qui leur permit, à la longue, de former une équipe efficace. [BAC PA 582]

Des armuriers réparent des fusils et des mitrailleuses dans un atelier mobile, qui occupe une position commode, juste à côté du decauville menant au front. [BAC PA 1272]

Une voiture-atelier dans le parc de munitions de la division. On remarquera l'entraînement par chaîne et les roues à bandages pleins. [BAC PA 16]

Byng a tôt fait de mettre sur pied un programme qui permet d'appliquer les propositions de Currie. Les Canadiens ne sont toutefois pas les seuls acteurs, ni même nécessairement les précurseurs de cette réforme. Celle-ci se produit plus ou moins simultanément dans une grande partie du Corps expéditionnaire britannique où l'on s'accorde à reconnaître qu'une autre victoire à la Pyrrhus, comme la précédente, pourrait bien détruire l'armée.

Pour des raisons de commodité militaire immédiate, les Britanniques effectuent un déplacement continu de leurs divisions entre leurs divers corps d'armée; c'est là une habitude dont ils ne peuvent, ou ne veulent pas, se défaire. Leurs armées souffrent donc d'une absence totale de normalisation et d'uniformité au-dessus de l'échelon divisionnaire. En revanche, les quatre divisions canadiennes (sauf pour de très rares et brèves périodes) vont demeurer dans le même Corps pour le reste de la guerre. Or, toutes autres choses égales par ailleurs, un corps d'armée formé de divisions dont l'instruction repose sur des normes et des critères différents ne peut vraisemblablement pas se comporter aussi bien, au combat, qu'un autre dont les divisions peuvent se targuer d'une interprétation commune de la doctrine ainsi que de normes semblables d'instruction.

De plus, parce que les Canadiens demeurent ensemble, leurs états-majors de division et de corps d'armée acquièrent une très bonne connaissance des forces et des faiblesses de chacun, ce qui permet d'obtenir sur tous les plans des résultats meilleurs, plus efficaces et moins entachés d'erreurs*.

En même temps, le Corps s'interroge sur la manière dont sont organisés ses effectifs. En deux ans de guerre de tranchées, quelques curieux changements se sont produits dans la constitution interne du bataillon type d'infanterie britannique (et canadien), sur lequel repose dorénavant de façon presque exclusive le poids humain de la bataille. Le bataillon d'avant 1914, organisé en vue de guerres « coloniales » livrées au niveau de la compagnie, avait été composé presque entièrement de fusiliers, accompagnés d'une poignée, à peine, de mitrailleurs, de sapeurs et de signaleurs. Mais, lors des combats de la Somme, près de la moitié de l'effectif du bataillon se compose de spécialistes d'un type ou d'un autre : grenadiers, éclaireurs, tireurs d'élite, signaleurs, mitrailleurs, etc.

Nombreux sont maintenant ces hommes organisés en compagnies ou en pelotons de spécialistes, avec leurs propres officiers, eux aussi spécialisés. L'importance traditionnellement accordée par les Britanniques à la hiérarchie et au « statut » fait alors surface. Des rivalités internes surgissent, donnant forme à une prise de conscience de classe en vertu de laquelle les simples fusiliers sont considérés (par les spécialistes) comme la lie de la lie. Sans intention préméditée, la coopération étroite, empressée et si essentielle entre spécialiste et fusilier, est devenue l'exception au lieu de la règle.

---

* Les Australiens, qui ont aussi un corps d'armée en France, sont beaucoup moins « nationalistes » que les Canadiens. Ils permettent fréquemment le rattachement de leurs divisions à d'autres formations, quelquefois pour des périodes prolongées, et, par conséquent, souffrent des mêmes variations des normes divisionnaires que les Britanniques, ce qui entraîne le même manque de coordination entre leurs propres états-majors de corps d'armée et de division. Il faut toutefois dire qu'ils n'en combattent pas moins bien que les Canadiens.

Non, ce n'est pas un canon, mais une cuisine de campagne, son tuyau de poêle abaissé, prête à être tractée. [BAC PA 888]

Des cuisines de campagne hippomobiles, leur tuyau de poêle relevé, prêtes à opérer. [BAC PA 9]

Un obusier lourd se livre à un tir de contrebatterie. [BAC PA 697]

On pouvait rectifier le tir de contrebatterie grâce à l'observation aérienne à partir d'un aéronef (transmission des renseignements par radio) ou de ballons captifs (transmission par téléphone). Un aérostier vérifie son téléphone avant l'ascension. [BAC PA 2057]

L'une des leçons de la Somme a été la suivante : le groupe le plus nombreux qu'un seul homme peut efficacement diriger dans le brouillard omniprésent de la bataille est un peloton (trente-cinq à quarante hommes), comportant quatre sections de fusiliers. Un commandant de bataillon ou de compagnie prévenant peut parfois ajouter à certain peloton l'une des douze mitrailleuses Lewis qui relèvent de lui mais, le plus souvent, tous les spécialistes sont retenus à l'arrière. Le peloton d'infanterie se trouve alors pratiquement dépourvu de la souplesse tactique nécessaire pour répondre aux exigences particulières des combats de tranchées. L'officier subalterne qui le commande voit souvent son petit groupe isolé, ce qui s'est produit plus d'une fois à la tranchée Regina, et ne peut guère compter sur des renforts de spécialistes pour faire face aux exigences de la situation. Au mieux, il lui faut alors se replier; dans le pire des cas, il ne lui reste plus qu'à tomber au champ d'honneur.

Afin de surmonter ce problème, le Corps canadien fait œuvre de pionnier, le 9 décembre 1916 (avec six semaines d'avance sur une directive en ce sens du QG de Haig), réorganisant ses bataillons d'une façon qui fait du peloton un organisme combattant plus équilibré. Dorénavant, chaque peloton sera divisé en sections de fusiliers, de grenadiers, d'utilisateurs de grenades à fusil ou de mitrailleuses Lewis. Il se transformera ainsi en une unité tactique capable, par ses propres moyens, de conquérir et de conserver du terrain dans une mesure jusque-là inconnue.

Quel est le meilleur moyen de venir aux prises avec l'ennemi? Il n'y a manifestement pas d'avenir dans les lignes aussi droites que possible, régulièrement espacées de cinq à dix mètres, qui se sont avérées si vulnérables sur la Somme. Au lieu de cela, les compagnies de tête d'un bataillon, groupées par pelotons, s'avanceront sur deux lignes imprécises séparées par une distance de quinze à vingt mètres, cet espace variant en fonction du terrain et de la nature de la résistance rencontrée. Une troisième ligne, à la formation encore plus lâche, suivra les deux premières à une distance deux fois plus grande : son rôle sera d'exterminer les ennemis qui seraient éventuellement restés dans leurs bunkers ou leurs abris.

Cinquante à cent mètres derrière la troisième ligne, viendront les bataillons d'appui, aussi groupés par pelotons, mais aux sections généralement déployées dans une formation en losange qui, si elle risque de réduire l'efficacité de leur propre puissance de feu, crée un effet analogue sur les tirs de mitrailleuse et d'artillerie de l'ennemi. De plus, elle permet aux jeunes officiers subalternes commandant les pelotons de mieux contrôler leurs hommes.

Il y a également la question des mitrailleuses lourdes, dont l'importance tactique semble augmenter avec chaque engagement. Si, avant la guerre, une division britannique avait droit à vingt-quatre de ces armes (deux par bataillon), chacune des quatre divisions du Corps d'armée canadien en possède maintenant soixante-quatre. Par contre, l'évolution des tactiques, dans ce domaine, n'a pas suivi celle de la croissance numérique. Dès l'apparition des mitrailleuses, au cours des années 1880, on les a généralement considérées comme des

Un BE2C biplace, dont les escadrons de corps d'armée du Royal Flying Corps, en 1916 et au début de 1917, faisaient un usage intensif pour la liaison avec le sol sur le front occidental. [MDN HC 5017]

Raymond Collishaw et Arthur Whealy, pilotes de chasse canadiens du Royal Naval Air Service, qui, en février 1917, s'enrôlèrent dans la 22ᵉ Escadre (armée de terre), sur le front occidental. Ils survécurent tous deux à la guerre; Collishaw avait remporté soixante victoires, et Whealy vingt-sept. (MDN O-2855]

Le « Baron Rouge », Manfred von Richthofen (avec l'écharpe blanche). Lorsqu'il fut tué, le 21 avril 1918, on lui avait attribué quatre-vingts victoires aériennes. [MDN AH 165]

Thélus, l'objectif de la 4ᵉ Brigade d'infanterie canadienne, le 9 avril 1917, photographié à partir des airs deux semaines plus tôt. [BAC C55267]

armes défensives à tir direct (c'est d'ailleurs tout ce à quoi la mitrailleuse légère était réellement utile); en 1916, c'est encore l'opinion de la plupart des soldats.

Le potentiel des modèles lourds dans la guerre offensive n'a encore guère attiré l'attention. Raymond Brutinel, un officier d'origine française du Corps canadien (un ingénieur et entrepreneur à Calgary avant la guerre), est l'un des rares qui y ait réfléchi. Affecté au commandement des quatre batteries de la 1re Brigade de mitrailleuses motorisée (une petite force mécanisée de mitrailleuses lourdes pouvant déployer une puissance de feu relativement formidable), Brutinel a étudié la question du tir de barrage indirect en cours d'attaque : des rideaux de balles qui obligent les défenseurs du front à garder la tête au sol jusqu'au dernier moment. On pourrait aussi se servir des mitrailleuses pour le harcèlement nocturne de l'ennemi, en arrosant une zone ou en tirant sur une ligne fixe.

Brutinel, promu au grade de lieutenant-colonel et nommé officier mitrailleur du Corps, est chargé de coordonner l'utilisation des mitrailleuses et d'élaborer une doctrine tactique uniforme. Au début de mars, il organise un plan de feux de harcèlement qui complète celui de l'artillerie, prenant pour cible les réseaux de barbelés endommagés (afin d'entraver les réparations nocturnes), ainsi que les réseaux de communication, les voies de tramway et les dépôts (pour retarder le ravitaillement). Les batteries d'artillerie de campagne ennemies les plus rapprochées sont également visées. On emploie continuellement, jour et nuit, jusqu'à soixante-quatre mitrailleuses dont le tir, déclareront les prisonniers, ont un effet prononcé sur le moral allemand.

Dans l'artillerie, l'adoption de la fusée « instantanée » de type 106 signifie que les obus, au lieu de se perdre dans l'air ou dans le sol, exploseront dorénavant dans les barbelés. Ce problème étant plus ou moins résolu, les artilleurs commencent à accorder une attention plus grande à la destruction de l'artillerie ennemie, c'est-à-dire au tir de contrebatterie. Un jeune officier à l'esprit scientifique de l'université McGill appartenant à la milice, le lieutenant-colonel Andrew McNaughton, a été nommé, à la fin de janvier, officier d'état-major de contrebatterie à l'état-major du Corps et, tout comme Currie, on l'a envoyé voir comment les Français s'y étaient pris. Il revient beaucoup moins impressionné par eux que Currie ne l'avait été. Il constate qu'à leur QG, on « nous sert le plus merveilleux discours sur la coordination du tir d'artillerie et sur la manière dont ils ont gagné la dernière bataille ».

On passe ensuite sur le terrain, et il est facile de voir, comme nous en avions toujours été témoins, que l'organisation des Français, en matière d'artillerie, est mauditement mal fichue. Leur matériel ne tient qu'à grands renforts de ficelles, de lacets et de broche à foin; ils projettent des obus par rafales, mais l'idée même de précision [essentielle au travail de contrebatterie] les dépasse totalement.

La leçon à tirer est négative, car on a découvert exactement ce qu'il ne faut pas faire. Nous avons aussi appris à quel point il importe que, dans les hautes

*sphères, on sache exactement,
sans se bercer d'illusions,
ce qui se passe sur le terrain.*

McNaughton est un perfectionniste, qualité essentielle à un travail de contrebatterie efficace. Sur le plan technique, il est le disciple de soldats comme le lieutenant-colonel A. G. Haig (sans lien de parenté avec sir Douglas), du 5e Corps d'armée, et de scientifiques comme Lawrence Braggi; celui-ci, âgé de vingt-cinq ans, lauréat du prix Nobel de physique en 1915, promu au grade d'officier, est affecté spécifiquement sur le front occidental afin d'améliorer l'art du tir chez les artilleurs britanniques.

L'AVIATION

L'efficacité de l'artillerie repose sur la qualité de l'observation, du calcul et de l'analyse. Étant donné que, sur le front occidental, les Allemands tiennent généralement le terrain le plus élevé (c'est évidemment le cas de la crête de Vimy), la voie des airs offre à l'*Entente* la meilleure possibilité de voir leurs arrières, où se trouvent leurs batteries lourdes. L'observation se fait parfois depuis des ballons captifs, auxquels deux observateurs sont suspendus dans un panier : mais, la plupart du temps, elle a lieu à partir d'aéroplanes biplaces « appartenant » aux corps d'armée.

En 1916-1917, il n'y a pas encore d'aviation canadienne. Sam Hughes en a bien créé une en 1914, mais, comme tant d'autres de ses projets, il s'est agi d'une tentative mal ficelée qui a connu une fin obscure et ignominieuse quelque part sur la plaine de Salisbury. Entre-temps, c'est par centaines que les Canadiens se mettent à entrer dans le *Royal Flying Corps (RFC)* de l'armée de terre britannique (et dans le *Royal Naval Air Service*). Certains s'y enrôlent directement, alors que d'autres y sont mutés depuis le Corps d'armée canadien.

À la fin de 1916, les aviateurs remplissent deux rôles principaux sur le front occidental. Aux pilotes de chasse, qui ne sont pas encore les héros des mass media qu'ils deviendront, il incombe de conquérir et de conserver la supériorité aérienne. Il s'agit pour eux d'interdire aux appareils allemands le survol des lignes de l'*Entente* et de permettre à leurs propres collègues des escadrons de corps d'armée de remplir leurs fonctions en toute quiétude. Parmi eux, des Canadiens comme les frères Bell-Irving, de Vancouver, Malcolm McBean et Alan Duncan, ont déjà occupé une place éminente dès le milieu de 1915. Pour leur part, de futurs as comme Raymond Collishaw (de Nanaïmo, en Colombie-Britannique), Roy Brown (de Carleton Place, en Ontario) et A. W. Carter (de Calgary) arrivent au front au début de 1917. En 1916, W. A. Bishop, (d'Owen Sound, Ontario), a passé quatre mois sur le front occidental comme observateur dans un escadron de corps d'armée. Il est ensuite rentré en Angleterre pour recevoir son instruction de pilote. Il réapparaît comme pilote de chasse, en mars 1917.

Au sein du *RFC*, la chasse, à l'instar des forces terrestres, a beaucoup appris de l'expérience des Français à Verdun, surtout en ce qui a trait à l'utilisation de formations par escadron pour régler la question de la supériorité aérienne. Sous ce rapport, toutefois, elle accuse encore un certain retard sur les Allemands qui ont commencé à adopter des tactiques de formations dès le début de 1916; un an plus tard, ils créent des escadrons d'élite, les *Jagdstaffeln* (souvent abrégé en *Jastas*), destinés à se déplacer sur le front au gré des exigences opérationnelles. Le meilleur d'entre eux sera probablement le *Jasta 2*, d'Oswald Bœlke. Au nombre de ses jeunes pilotes pleins d'avenir, se trouve Manfred *Freiherr* von Richthofen, qui sera bientôt mieux connu sous le surnom de « Baron Rouge ». En avril, survolant le front d'Arras (qui comprend la crête de Vimy), le Baron Rouge revendiquera le nombre phénoménal de trente victoires.

Le travail moins spectaculaire de reconnaissance et de photographie aériennes, d'observation d'artillerie et de patrouilles de contact, revient aux pilotes et aux observateurs des escadrons de corps d'armée, ainsi appelés parce qu'on a affecté un de ces escadrons à chaque corps. Le 16e Escadron, avec ses BE 2 biplaces, est affecté au Corps canadien pendant l'hiver 1916-1917 (et demeurera avec lui jusqu'à la fin de la guerre). Les Canadiens ont tendance à se concentrer dans les escadrons de chasse, mais il y en a toujours au moins quatre qui prennent place dans le 16e, s'occupant à photographier le terrain autrement invisible derrière la crête de Vimy.

Au début de mars, les photos aériennes du système de défense allemand forment le canevas d'une nouvelle carte, constamment retouchée à mesure que les dispositions ennemies se modifient. Le prix à payer est souvent lourd, toutefois, car, au printemps de 1917, les Allemands détiennent l'avantage dans les airs, tant sur le plan tactique que technologique. L'*Entente* ne l'emporte que sur le plan numérique. Mais, les informations obtenues par les airs sont autant d'eau apportée au moulin de McNaughton qui les combine avec les techniques trigonométriques de repérage du son au sol et des lueurs de départ des obus pour déterminer la position de plus de cent quatre-vingts des deux cent douze batteries allemandes déployées derrière le front de Vimy.

À l'époque, les lettres et les journaux des occupants des tranchées sont émaillés d'histoires relatives à la bataille aérienne. « J'ai vu des douzaines de combats dans les airs au cours des trois dernières semaines », écrit, le 26 mars, le lieutenant Clifford Wells, du 8e Bataillon, fils d'un pasteur montréalais*.

> *C'est un spectacle superbe de voir les avions manœuvrer dans les airs comme deux aigles, et d'entendre le plop, plop, plop de leurs mitrailleuses, dont le son est assourdi par la distance. Chaque avion essaie de grimper au-dessus de l'autre, afin de lui fondre dessus... J'ai souvent vu un avion (britannique, français ou allemand), occupé à prendre des photographies ou à observer les tirs d'artillerie, soudainement abattu par un avion ennemi qui a surgi des nuages pour foncer sur lui. Lorsqu'un avion allemand arrive au-dessus de nos lignes, ce qui est relativement rare, l'artillerie antiaérienne ouvre le feu, et le ciel est bientôt parsemé de dizaines, voire de centaines*

---

* Wells allait être tué au combat un mois et deux jours après avoir rédigé cette lettre.

Des artilleurs antiaériens canadiens se préparent au combat. [BAC PA 974]

Ce biplace semble s'être écrasé et avoir pris feu... à moins qu'il n'ait pris feu d'abord pour s'écraser ensuite? La différence a peut-être été importante pour ses occupants, privés de parachutes. [BAC PA 95.7]

Abris souterrains allemands. Les quartiers allemands, derrière le front, n'étaient pas très différents de ceux des Canadiens. Mais parce que les Allemands tenaient généralement le terrain le plus élevé, leurs abris du front étaient habituellement plus profonds, mieux construits et moins humides. [MDN DHist-8]

Des blessés allemands reçoivent des soins. [MDN DHist-9]

de bouffées de fumée blanche, là où les obus explosent... J'ai rarement vu un aéroplane abattu par des tirs d'artillerie seuls; il faut habituellement un avion pour en abattre un autre.

Les aviateurs n'ont pas de parachute, car les commandants supérieurs du *RFC* soutiennent que la possession de dispositifs de « fuite » aussi pratiques ne pourrait qu'encourager leur utilisation! Deux jours avant la consignation de Wells, rapportée ci-dessus, l'artilleur Frank Ferguson, un mécanicien dans le civil, qui sert alors les obusiers de 9,2 pouces de la 1re Batterie de siège, est témoin de la « mise en pièces » d'un appareil d'observation d'artillerie, et consigne l'événement dans son journal.

Ses commandes détruites par les impacts, le pilote a déployé des efforts impressionnants pour faire atterrir l'engin, en rampant sur la queue de celui-ci afin de tenter de le stabiliser en position horizontale. Il était malheureusement trop lourd, et la queue s'est enfoncée, faisant pointer le nez en l'air. Le pilote est retourné en rampant dans l'habitacle pour essayer de rétablir l'assiette de l'appareil, mais c'était une bataille perdue d'avance, et, en accélérant à une vitesse à vous chavirer le cœur, l'engin a piqué vers le sol, pulvérisant complètement le pilote et son observateur.

UNE NOUVELLE DOCTRINE ALLEMANDE

Les Allemands avaient été choqués par leurs pertes sur la Somme. À Verdun, où ils étaient les attaquants, ils s'étaient attendus à perdre autant d'hommes que les Français, et la stratégie de Von Falkenhayn avait simplement consisté à conserver un meilleur moral que l'adversaire. En revanche, ils s'attendaient à un résultat très différent dans les combats de la Somme, où l'*Entente* avait livré toutes les attaques. L'expérience tactique conventionnelle stipule en effet que la défense est la forme de guerre la plus forte, puisque le défenseur peut choisir son terrain, le préparer d'avance et combattre à l'abri. Compte tenu de ces avantages, ses pertes devraient être plus légères. Mais quelque chose a terriblement mal tourné sur la Somme, car la défense allemande y a subi des pertes à peu près équivalentes à celles des Britanniques et des Français.

À long terme, Ludendorff le sait maintenant, ce genre de résultats ne pourra qu'amener la défaite, car il manque aux Empires centraux les ressources humaines et matérielles dont jouissent leurs adversaires. Les États-Unis sont encore neutres, mais une grande partie de leur production va aux Britanniques et aux Français; les Allemands n'en reçoivent rien. Enfin, si les Américains entrent en guerre (ainsi qu'ils semblent chaque jour plus près de le faire), l'équilibre ultime du pouvoir penchera encore davantage en faveur de l'ennemi. Déjà, se plaint Ludendorff, « sur chaque théâtre de guerre, l'*Entente* peut ajouter à sa supériorité numérique d'énormes ressources supplémentaires dans chaque domaine des approvisionnements techniques ».

L'une des premières mesures que Ludendorff prend en arrivant sur le front occidental est donc d'ordonner à ses officiers d'état-major d'essayer de mettre au point une forme plus économique de défense. Le résultat lui plaît.

Un salon de coiffeur sur le front. Les soldats canadiens étaient censés se raser tous les jours. [MDN PMR 92-002]

Des Canadiens blessés, certainement heureux d'être en vie. [BAC PA 813]

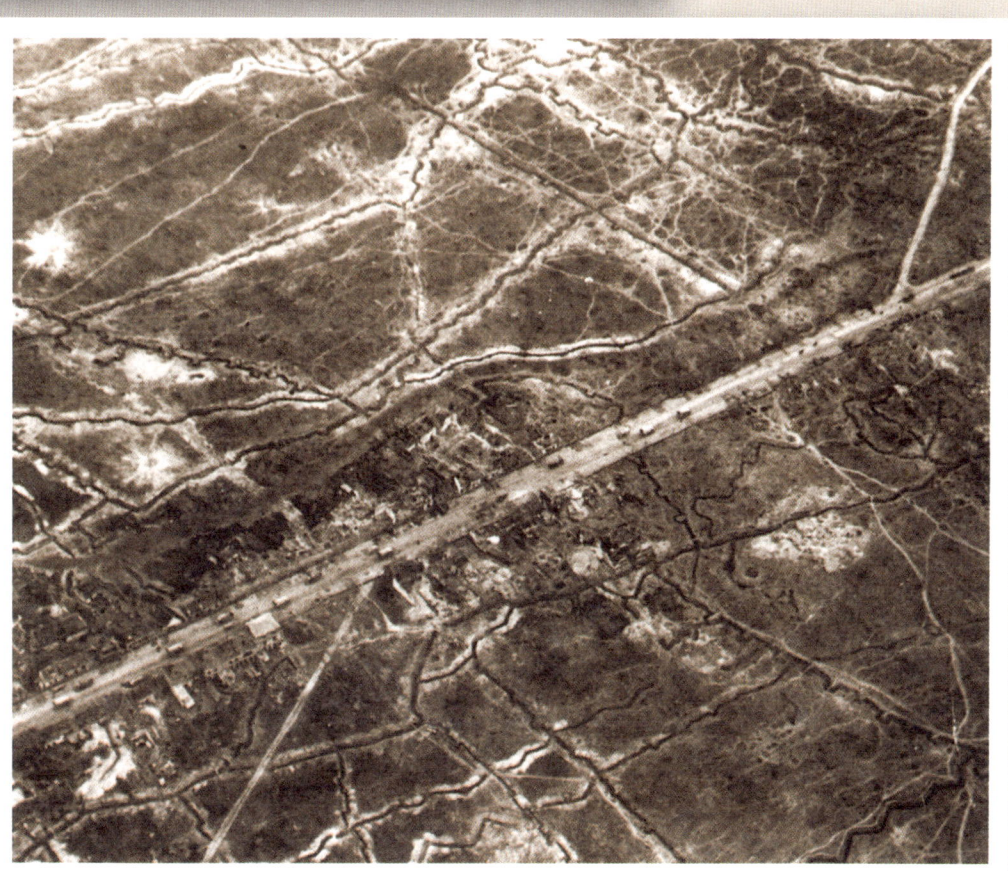

De vieilles lignes de tranchées derrière le front canadien et la route d'Arras à Souchez. On peut voir dans quelle mesure les armées modernes commençaient à se reposer sur des moyens de transport motorisés chaque fois que des routes empierrées le leur permettaient. [MDN DHist-11]

Par un contraste frappant avec la formule de défense habituelle, qui se limite à des lignes de défense peu profondes, rigides et faciles à reconnaître, on élabore un nouveau système où la distribution des effectifs en profondeur et une formation relâchée permettent de maintenir une défense plus active. Bien sûr, on veut que la position demeure entre nos mains à la fin de la bataille, mais le fantassin n'a plus besoin de se dire : « C'est ici que je demeure ou que je meurs ». Au contraire, devant un feu nourri de l'ennemi, il a le droit, sous certaines réserves, de se replier dans n'importe quelle direction. Toute partie de la ligne qui est perdue devra être récupérée par une contre-attaque.

Dans ses *Souvenirs de guerre* de 1919, Ludendorff s'adresse au grand public, auquel il donne un aperçu global de la guerre. À ce niveau, son explication généralisée est probablement adéquate. Par contre, nous ne nous intéressons ici qu'à ce qui s'est passé sur la crête de Vimy, où la topographie inhabituelle a notablement influé sur l'agencement des positions défensives. Il est donc nécessaire d'expliquer cette nouvelle doctrine de façon un peu plus détaillée.

Le haut commandement allemand, dans le manuel qu'il produit à l'époque, soutient que les défenses doivent être plutôt profondes qu'étroites, plutôt élastiques que rigides, et situées sur des emplacements fortifiés au lieu de tranchées continues (même s'il en existe encore). Par conséquent, « la première chose à construire le long du front ennemi, c'est une position fortement développée, organisée en profondeur. Elle consistera en un réseau de tranchées composé d'un certain nombre de lignes continues non parallèles, à des intervalles de quelque 150 à 200 mètres », c'est-à-dire un espacement triple de celui de l'ancien système.

Derrière cette position, il faut en établir au moins une autre (soumise aux mêmes règles), à un intervalle minimum de 2 000 à 3 000 mètres, de façon à éliminer toute possibilité d'un bombardement simultané des deux par l'ennemi.

Les premières lignes doivent s'appuyer davantage sur la puissance de feu que sur les effectifs ce qui, bien entendu, se traduit par l'augmentation du nombre de mitrailleuses. « L'infrastructure de toutes les lignes de combat de l'infanterie est constituée par les emplacements de tir des mitrailleuses et les bunkers défensifs. » Même ainsi, « le gros des défenseurs (y compris les mitrailleurs) doit être conservé dans les lignes de l'arrière, sur le terrain qui sépare celles-ci, dans les réseaux de communication et dans la zone s'étendant derrière la première position ».

Il n'est pas nécessaire de tenir le terrain, en principe. Si, pour économiser des vies, il devient nécessaire d'en abandonner un peu, de rapides contre-attaques, lancées sans attendre les ordres des autorités supérieures, pourront reprendre les positions perdues avant que les attaquants aient pu les consolider. Si ces contre-attaques immédiates échouaient, « la seule chose qui mènera à la récupération du terrain perdu est une [contre-]attaque systématiquement planifiée ».

La récupération des secteurs de position perdus n'est toutefois pas toujours à conseiller. Il faut plutôt que l'importance du terrain dont on a l'intention de s'emparer soit raisonnablement proportionnée aux pertes prévues en hommes et aux munitions qu'il faudra consommer.

Les contre-attaques « systématiquement planifiées » devront être lancées par des troupes fraîches, que les combats précédents n'auront aucunement touchées. Afin qu'elles soient vraiment en forme, il faut les retenir à l'arrière, hors de portée de l'artillerie la plus lourde de l'ennemi. Elles se mettront donc probablement en marche à partir de cantonnements situés à plusieurs heures du champ de bataille.

Au début de 1917, les commandants allemands, tout le long du front occidental, s'occupent à mettre en pratique ces nouveaux concepts... sauf sur la crête de Vimy.

LA CRÊTE DE VIMY

Traversant l'extrémité occidentale de la plaine de Douai, où elle domine d'une altitude maximum de cent dix mètres les basses terres environnantes, la crête de Vimy s'étend sur huit kilomètres suivant un axe nord-ouest sud-est, juste au nord d'Arras. Le sommet septentrional s'élève très abruptement depuis le ravin de Souchez jusqu'à un petit mamelon qui, en 1917, est connu des Allemands sous le nom de *Giesslerhöhe*, et des Canadiens sous celui de cote 120, ou Bourgeon.

À partir du Bourgeon, un haut col mène à la masse principale de la crête, qui culmine à la cote 145 (le nombre de mètres au-dessus du niveau de la mer, là où se dresse aujourd'hui le monument commémoratif), deux kilomètres au sud-est. De là, la crête s'abaisse jusqu'à la cote 135, trois kilomètres et demi plus loin, s'élargissant et s'aplatissant en cours de route, puis elle continue de descendre en pente douce jusque dans la vallée de la Scarpe.

Vu de l'ouest, la crête s'élève très graduellement depuis la route d'Arras à Souchez (aujourd'hui, l'autoroute A26 traverse en diagonale le bas des pentes), mais sa face nord-est tombe de façon vertigineuse. Avant la guerre, la pente sud-ouest était tapissée de terres agricoles déboisées, alors que des pâturages recouvraient en grande partie le faîte (aujourd'hui, il est boisé au nord et au centre, avec des champs sur le sommet méridional aplati). Deux années d'explosions d'obus et de mines ont su transformer ce terrain en un désert de cratères et de boue. La face nord-est, par contre, est encore bien boisée.

La crête était tombée aux mains des Allemands en octobre 1914. Les Français avaient tenté pour la première fois de la reprendre à la mi-décembre 1914, par une attaque de six divisions; mais la boue s'était avérée trop profonde, le brouillard trop épais et le 1er Corps d'armée bavarois de réserve trop obstiné. Les opérations préliminaires ayant déjà coûté aux attaquants près de huit mille victimes, l'assaut principal est remis à plus tard.

Au début de l'été 1915, pendant que les Canadiens sont occupés à Festubert et à Givenchy, les Français lancent, pour leur attaque différée, dix-huit divisions, qui sont refoulées. Ils y perdent plus de cent mille hommes, et les Allemands environ quatre-vingt mille. Malgré tout, ils font une nouvelle tentative en septembre, avec neuf divisions. Les Allemands, qui en ont huit, « combattant comme dans une forteresse », les contiennent de nouveau; mais les Français s'emparent de Souchez et du Bourgeon, et atteignent presque le sommet de la cote 145, au prix de quarante mille autres victimes.

En février de l'année suivante, cependant, les Allemands récupèrent le Bourgeon au cours d'une attaque-surprise parfaitement exécutée. Enfin, lorsque les Britanniques, au début de mars 1916, s'installent dans le secteur de Vimy, un autre assaut-surprise allemand leur reprend quinze cents mètres de front et de lignes d'appui en face de la cote 145.

Depuis lors, Allemands et Britanniques s'appliquent avec zèle à prolonger les vieux tunnels et à en creuser de nouveaux. L'espoir britannique est de saper ces défenses, puisqu'il semble qu'aucune action d'éclat à la surface du sol, si puissante soit-elle, ne pourra jamais en venir à bout. Aucune autre partie du front occidental ne s'est jamais avérée aussi inexpugnable que la crête de Vimy. Il semble que la nouvelle doctrine allemande n'y soit pas pratiquée pour trois raisons dont l'une absolument et deux relativement « irréfutables ».

- Tout d'abord, les défenses se sont avérées plus que suffisantes par le passé, et le 1er Corps d'armée bavarois de réserve (commandé par le général Karl von Fasbender), qui est responsable de la plupart d'entre elles, ne semble pas pressé de procéder à des modifications. À part quelques semaines sanglantes sur la Somme, les Bavarois ont été là depuis 1914. Ils appartiennent à la 6e Armée du *Generaloberst* von Falkenhausen, un conservateur de soixante-treize ans qui est peut-être disposé à accepter de nouvelles idées, mais certainement pas à les imposer. Quant à son chef d'état-major, le *Generalmajor Freiherr* von Nagal zu Aichberg, il n'est pas plus homme à le bousculer.

- En second lieu, les Bavarois ont déployé une compétence et une ingéniosité considérables pour situer et construire des fortifications qui ajoutent immensément à la force naturelle de la position. Si elles ne se conforment pas aux nouveaux principes, c'est qu'une grande partie du travail a été effectuée avant l'entrée en vigueur de ces derniers. En cas de changements importants sur le plan tactique, leur valeur serait grandement réduite.

- Enfin, et c'est là l'argument irréfutable, la nature inhabituelle du terrain, particulièrement l'escarpement nord-est de la crête, rend impraticable l'application à la lettre de la nouvelle doctrine. La partie nord de l'éminence est tout simplement trop étroite pour permettre la construction de la première position plus profonde qui est recommandée; et si l'ennemi atteignait l'extrémité orientale du faîte, la deuxième position, sur la plaine qui s'étend en contrebas, serait intégralement exposée au feu de pièces disposées derrière le sommet qui lui tireraient dessus en toute sécurité.

De plus, n'importe quel type de contre-attaque lancée sur l'escarpement de la face orientale, qu'elle soit immédiate ou systématiquement planifiée, serait vraisemblablement suicidaire. C'est peut-être pourquoi les deux divisions de réserve théoriquement prévues à cette fin sont postées bien plus loin à l'arrière que

Il était essentiel de conserver les tranchées aussi sèches que possible afin de se prémunir contre les ravages du « pied des tranchées », une affection très semblable à la gelure, causée par une exposition prolongée à l'humidité et au froid. Ces Canadiens français qui s'efforcent de réduire l'humidité appartenaient au 22ᵉ Bataillon. [BAC PA 396]

Plus on pouvait creuser profondément, et plus on disposait de protection. Quant à savoir comment les Highlanders canadiens pouvaient se sentir à l'aise et ne pas souffrir du froid dans leurs kilts raidis par la boue, c'est encore un mystère. Ces soldats servaient dans le 13ᵉ Bataillon (Royal Highlanders) montréalais. [BAC PA 95]

Il y avait de la boue et de l'eau partout, même derrière le front, où on pouvait trouver du café chaud. [BAC PA 926]

d'habitude, c'est-à-dire à six heures de marche, hors de portée des tirs d'artillerie en provenance du sommet.

Si bons soldats qu'ils soient tous, les hommes de Fassbender se contentent, malgré tout, d'appliquer les règles d'une façon superficielle. Ainsi, les premières lignes des deux camps s'étendent presque en ligne droite du nord au sud, alors que la crête forme un angle vers le sud-est, mais la deuxième position allemande commence quinze cents mètres derrière la première à l'extrémité méridionale, et deux fois plus loin derrière l'extrémité septentrionale, plus haute et plus escarpée. Cela dit, sans doute à cause de la parfaite futilité qu'il y aurait à ce faire, la deuxième position n'est jamais aussi abondamment pourvue en personnel qu'elle devrait l'être.

En conséquence, pendant que l'hiver fait place au printemps, le *Gruppe* Vimy (la 1re Division bavaroise de réserve et la 79e Division de réserve, constituant le 1er Corps d'armée bavarois de réserve) et l'aile sud du *Gruppe* Souchez (la 16e Division bavaroise) sont figés dans leurs positions linéaires, peu profondes, mais bien fortifiées. Ils n'ont pas la moindre envie de transformer leur installation selon la nouvelle doctrine, ce dont ils seraient d'ailleurs pratiquement incapables, se sentant sûrs de pouvoir défendre leur terrain à l'ancienne manière, officiellement discréditée.

Ensemble, ces divisions constituent cinq régiments (un régiment allemand de trois bataillons équivaut à une brigade canadienne) postés sur la crête. Chacun de ces régiments tient sa part de la première position avec deux bataillons aux effectifs incomplets, alors que le troisième se trouve dans la deuxième position. Environ sept mille Allemands pourraient donc s'opposer à un éventuel assaut initial. Des renforts de deux mille cinq cents autres pourraient se joindre à eux pour affronter les forces d'appui qui suivraient de près ; en tout, pas plus de dix mille hommes. Lorsque l'heure sonnera, les Canadiens seront quelque trente-cinq mille à attaquer.

DE PLANS STRATÉGIQUES EN SURPRISES

Durant la conférence de Chantilly, qui a lieu en novembre 1916, Joffre et Haig conviennent, avec un bel optimisme, que leur objectif consistera à « imprimer aux campagnes de 1917 un caractère décisif ». À cette fin, ils seront « prêts à entreprendre des offensives générales à partir de la première quinzaine de février 1917 avec tous les moyens dont ils disposeront ». Sans tarder, Joffre commence à tirer des plans en vue d'un prolongement de la bataille de la Somme sur un front plus large.

En décembre, toutefois, son remplacement par Nivelle entraîne des changements radicaux, car ce dernier complote avec assurance (avec trop d'assurance, ainsi que les événements vont le démontrer) la destruction totale des armées allemandes occidentales au lieu de la bataille d'usure qu'avait envisagée Joffre. On clouera les forces allemandes au sol dans d'autres secteurs pendant qu'on lancera une *attaque brusquée** (par un effectif de quarante-six divisions, dont la moitié destinée au premier assaut et le reste à l'exploitation de ce succès initial) sur le Chemin des Dames, contrefort méridional du grand

---

* En français dans le texte.

Au cours d'une cérémonie sommaire, mais digne, on donne à un officier canadien une sépulture temporaire. Plus tard, ses restes seront transférés dans l'un des cimetières militaires officiels que la Commonwealth War Graves Commission entretient encore, de nos jours, de façon irréprochable. [BAC PA 652]

Le front dans l'attente de la bataille. Leurs fusils empilés dans une niche, à gauche de l'image, des fantassins se reposent (la plupart tentent même de dormir). [MDN O-2533]

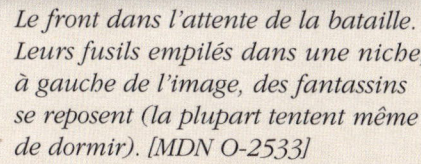

En se déplaçant vers l'est au cours de leur grand repli volontaire, Fall Alberich, les Allemands détruisirent tout ce qu'ils pouvaient. Ici, ils avaient fait exploser une mine à un carrefour de la ville de Ham. En arrivant sur les lieux, des troupes françaises examinent les dégâts (un photographe, à droite du centre, en fixe l'étendue sur la pellicule). [BAC PA 4339]

saillant allemand qui s'étend, au nord, de Soissons à Arras. Nivelle percera d'abord une ouverture dans la ligne allemande, puis opérera une poussée vers le nord le long d'une corde du saillant, coupant ainsi des armées allemandes complètes de leurs sources de ravitaillement.

À l'extrémité nord du saillant, une deuxième attaque française, montée de concert avec une poussée britannique avant le début de la principale attaque, se dirigera vers Cambrai. Au nord, la crête de Vimy protège le saillant; et c'est sur le terrain immédiatement au sud, le long de la Scarpe, que la 3ᵉ Armée britannique lancera sa poussée vers Cambrai. Ces deux assauts de diversion, en créant une sorte de mouvement de petite pince, ont comme premier objectif d'attirer les réserves allemandes loin du Chemin des Dames avant que Nivelle ne procède à son mouvement décisif. Mais chacun entretient l'espoir (du moins chez les Britanniques) que ces deux assauts seront éminemment fructueux par eux-mêmes.

Tous ces plans palpitants sont prématurément bouleversés lorsque l'ennemi bouge le premier. Dès qu'il était arrivé sur le front occidental, Ludendorff avait ordonné la construction d'une ligne de réserves (nommée *Siegfried Stellung* par les Allemands et ligne Hindenburg par les Britanniques) sur la corde du saillant, afin de contrer d'éventuels succès de l'*Entente*. Cette ligne lui permettrait au besoin d'évacuer le saillant sans perturber la disposition d'ensemble de ses défenses. Dans le cadre de *Fall Alberich*, la préparation de cette opération (judicieusement codée d'après le nom du nain malicieux de l'épopée des Nibelungen), les Allemands dévastent toute la région séparant les deux lignes, détruisant les routes, les ponts, les voies ferrées et les édifices.

La sécurité française s'est avérée médiocre; on parle ouvertement des offensives prochaines. En fait, à la mi-mars, Ludendorff ordonne un repli général (d'une moyenne de plus de trente kilomètres de profondeur) jusqu'à la *Siegfried Stellung*. Ce faisant, il diminue du tiers, en un seul coup, la longueur de son front entre Arras et Soissons, ajoute treize divisions à ses réserves, et réduit considérablement les projets grandioses de Nivelle. Étant donné que le terrain choisi par celui-ci, le Chemin des Dames, s'étend à l'est de Soissons, le changement effectué par Ludendorff sera sans effet sur l'attaque initiale, mais l'espoir qu'on entretenait de faire de celle-ci une victoire décisive s'évanouit avec l'évacuation du saillant.

Toutefois, le succès d'*Alberich* bouleverse complètement les plans de l'attaque française dans le nord et oblige les Britanniques à modifier les leurs en conséquence. Des tenailles anglo-françaises destinées à se refermer sur Cambrai, il ne reste plus que la 3ᵉ Armée de sir Edmund Allenby, qui doit tenter seule l'avance sur cet objectif, en descendant la vallée de la Scarpe sur un front large de quatorze kilomètres. Les Français, s'efforçant de traverser le terrain désert et pelé de l'ancien saillant, protégeront le flanc sud d'Allenby, et la 1ʳᵉ Armée de sir Henry Horne, qui comprend le Corps d'armée canadien, devient responsable du côté nord.

On intensifie les préparatifs amorcés en janvier. Sur le plan du matériel, il y a beaucoup à faire. Le Corps peut aligner deux cent cinquante canons et obusiers lourds (un par

Les pertes étaient un malheur courant, quotidien, qui n'était pas réservé aux grandes offensives de la guerre. [BAC PA 852]

Ce n'est pas seulement pour marcher qu'une armée doit avoir le ventre plein, mais aussi pour attaquer. [BAC PA 255]

Loin d'être aussi capricieux que le fusil Ross fabriqué au Canada, le Lee Enfield exigeait tout de même une attention constante pour demeurer en bon état de marche. Au cours de la Première Guerre mondiale, les kilts étaient encore acceptables en campagne, mais leurs propriétaires portaient un « tablier » kaki par-dessus pour tenter de les protéger de la boue. [BAC PA 163]

Ces hommes attendent l'obscurité pour monter en ligne et se livrer à un raid sur les tranchées de l'ennemi. Ces raids de tranchées devaient servir à recueillir des renseignements et à faire des prisonniers... en plus d'entretenir un esprit agressif. [BAC PA 906]

vingt mètres de front) et plus de six cents canons de campagne et obusiers légers*. Il fallait quotidiennement près de deux mille cinq cents tonnes de munitions pour les tirs de harcèlement et de contrebatterie, qui se poursuivent durant toutes les phases préparatoires de l'opération montant en crescendo. En même temps, on dispose quarante-deux mille tonnes de munitions derrière les positions de l'artillerie, qui les utilisera durant l'attaque.

Afin de déplacer toutes ces munitions, il faut construire trois nouveaux milles de voie de tramway, et restaurer une partie des vingt milles qui existent déjà. On construit des routes de planches, qu'il faut reconstruire aussi souvent que les canons allemands les détruisent. On creuse les tunnels déjà mentionnés, on les pourvoit d'eau, d'électricité et de téléphones. On fore sous les lignes allemandes des fourneaux de mines dont on bourre l'extrémité de puissants explosifs qui pourront, au moment voulu, faire sauter bien haut les points clés fortifiés et leur garnison. Le long du front du corps d'armée, on enfouit, à une profondeur de deux mètres, trois cents kilomètres de câbles téléphoniques. Enfin, on construit cent ponts volants pour permettre à l'artillerie de campagne de franchir les tranchées et de progresser lorsque l'heure sera venue.

La soudaine concentration, dans une zone d'étendue limitée, où l'eau est rare, de cinquante mille chevaux et mulets destinés à tirer les trams et à transporter les approvisionnements, nécessite la construction de réservoirs, de stations de pompage et de soixante-dix kilomètres de canalisation. On doit prendre des dispositions afin de pouvoir traiter et évacuer rapidement les blessés, emmener les prisonniers et disposer des morts.

La plus grande partie de ce travail s'effectue de nuit, mais il est tout simplement impossible d'en dissimuler les résultats, car les lignes canadiennes sont parfaitement visibles aux observateurs placés sur la crête. Les Allemands se rendent inévitablement compte qu'une attaque se prépare. Néanmoins, confiants dans la puissance de leurs positions, ils ne tentent guère d'intervenir. De temps à autre (ainsi qu'ils l'auraient fait normalement, de toute manière), ils se livrent à de petits raids nocturnes. Ils font occasionnellement usage de leur artillerie, pour tenter de détruire quelques-unes des préparations canadiennes, ce qui a comme résultat de permettre aux missions d'observation d'artillerie du 16e Escadron de relever la position des batteries utilisées, et à l'artillerie canadienne de riposter par des tirs de contrebatterie.

En même temps que leurs préparatifs en vue d'une attaque, les Canadiens ont mis sur pied un important programme de raids destinés à troubler l'ennemi et à ébranler son moral, tout en leur permettant d'en apprendre autant que possible sur le terrain dont ils devront un jour s'emparer et sur la manière dont il est défendu. De plus, comme ces raids ont habituellement l'appui de tirs d'artillerie, ils fournissent une excellente occasion d'exercer la coopération entre l'infanterie et l'artillerie. Car, dans la bataille, il faut aussi protéger l'infanterie par un barrage d'engagement pendant qu'elle franchit les lignes ennemies.

---

* Les obusiers étaient des canons de gros calibre à tir vertical, extrêmement utiles pour bombarder les tranchées et les édifices, car leurs obus tombaient presque perpendiculairement sur l'objectif.

La nuit du 12 au 13 février, quelque neuf cents hommes de la 10ᵉ Brigade d'infanterie « infligent des pertes estimées à 160 hommes (y compris la capture de plus de 50 prisonniers) et détruisent des abris, des puits de mines et des barbelés; leurs propres pertes s'élèvent à environ 150 ». Selon le compte rendu du raid, parmi les ennemis capturés se trouvent « un officier et trois sous-officiers. Les prisonniers sont d'un physique exceptionnel et, en règle générale, semblent très intelligents... Ils portent tous des sous-vêtements de coton, quel que soit leur grade* ».

Le compte rendu du raid en termes aussi insipides ne donne aucune idée de la férocité du combat au corps à corps qui accompagnait la plupart de ces épisodes. Dans les tranchées ennemies, les gourdins, les baïonnettes et les bombes ou les grenades sont les armes les plus employées. Ainsi, un emplacement fortifié « a été liquidé par des grenadiers lançant des bombes (au phosphore) ».

On lança un grand nombre de ces bombes sur les abris du TRIANGLE pour en faire sortir les occupants. Ceux-ci étaient surtout aveuglés par les vapeurs de phosphore. À cause du parapet très élevé de la tranchée et des difficultés qu'aurait posées la garde de prisonniers, il fut jugé nécessaire de les tuer.

---

* Le coton était l'un des produits dont le blocus de la *Royal Navy* privait théoriquement les Allemands. Sa présence sur des soldats ennemis bien nourris ne risquait guère de réjouir l'Amirauté.

De tels actes battent en brèche les conventions de La Haye, tout comme l'a fait, deux ans plus tôt, l'introduction des gaz par les Allemands. Dans l'obscurité et la confusion des raids de tranchées, le dilemme consistait généralement à tuer ou à être tué, tant pour les Canadiens que pour les Allemands.

À la fin du mois, c'est au tour des Canadiens de souffrir, lorsque le plus grand raid de l'hiver se transforme en un fiasco complet. Mille sept cents hommes de la même brigade sortent pour reconnaître et endommager les défenses de la cote 145 sans prévoir le bombardement ni le cisaillement des barbelés. On voulait employer plutôt des gaz, mais il faut, pour cela, ajourner l'attaque à plusieurs reprises dans l'attente d'un vent favorable.

« À force de remettre l'attaque de nuit en nuit..., on la retarde de plus d'une semaine, ce qui permet sans doute aux Allemands d'apprendre ce qui se prépare », racontera en 1970, dans sa chronique *General Mud*, le lieutenant-général E. L. M. Burns. À cette époque, Burns était l'officier des transmissions, passablement novice, pour la brigade en question.

Les officiers des bataillons affectés au raid et de l'état-major de la brigade, conscients qu'il n'y avait plus de surprise, conclurent qu'il fallait abandonner toute l'opération. Ils présentèrent leurs vues à l'état-major de la division [c.-à-d. Watson] et du corps d'armée [c.-à-d. Byng], mais le haut commandement décida que les opérations devaient avoir lieu

> *malgré tout. Je me rappelle très bien avoir surpris les termes très durs, frisant l'insubordination, dans lesquels le général Odlum [commandant la brigade] se disputa avec l'échelon divisionnaire pour faire annuler le raid. Pourtant, en dépit de la résistance des officiers qui allaient avoir à l'effectuer, le raid eut lieu le 1er mars aux petites heures.*

Non seulement les Allemands attendent l'adversaire, mais le gaz fait plus de mal que de bien à ceux qui le lancent.

> *Certains témoins rapportent qu'un bombardement allemand de nos premières lignes avait brisé quelques-unes des bouteilles de gaz, et que la fuite ainsi créée fut à l'origine de nos premiers ennuis. Lorsque le gaz fut émis en grande quantité, le vent le fit dériver vers le sud, presque parallèlement à nos lignes, au lieu de le pousser jusqu'aux positions allemandes... Sur le front de l'attaque, il semble y avoir peu ou pas de gaz, à se diriger vers les tranchées allemandes... Soumis à un feu meurtrier, face à des obstacles de barbelés en très grande partie intacts, les infortunés attaquants furent fauchés.*

Malgré tout, les survivants poursuivent bravement leur avance et font irruption dans l'emplacement fortifié ennemi. On ignore combien d'Allemands ont été tués ou blessés, mais les Canadiens font trente-sept prisonniers, qui leur coûtent près de sept cents hommes, y compris deux commandants de bataillon.

Un très grand nombre de morts et de blessés sont abandonnés dans l'obscurité. Peu après le lever du jour, les Allemands proposent une trêve pour permettre de nettoyer le champ de bataille. En décembre 1914, dans certains secteurs du front, on avait conclu une trêve de Noël au cours de laquelle les soldats britanniques et allemands avaient échangé des toasts, et même joué au soccer dans le no man's land; mais cette fraternisation avait été mal vue des autorités supérieures, qui avaient donné l'ordre qu'une telle chose ne se reproduise plus. Pourtant, le 3 mars 1917 marque une exception. Durant les deux heures que dure la trêve, le capitaine D. S. Elliot, du 73e Bataillon, se retrouve en train de converser avec un « brigadier* » allemand. Il écrit chez lui pour décrire cette expérience inhabituelle.

> *Il [l'officier allemand] ne ménageait pas ses éloges à l'endroit du major Travers Lucas, de Hamilton, qui, disait-il, avait si vaillamment mené ses hommes jusqu'à leurs barbelés. Apparemment, ce n'était pas là pratique courante chez leurs propres officiers... Le brigadier allemand était bavarois et, à en juger par sa conversation, plutôt sympathique. Ayant fait ses études à l'école St. Paul de Londres, il parlait parfaitement l'anglais. Il*

---

* L'armée de terre allemande ne possédait pas ce grade, car ses régiments (équivalant aux brigades britanniques et canadiennes) étaient commandés par des officiers ayant le grade effectif de colonel. Le journal de guerre du 87e Bataillon décrit cet officier comme un major, grade qui convient au commandant d'un bataillon allemand. Le capitaine Elliot ne semble pas avoir été très versé en matière d'insignes de grade allemands.

disait ne pas aimer la guerre et espérait qu'elle serait bientôt terminée. Il a évoqué l'étrangeté qu'il y aurait à retourner chacun vers ses lignes, après la trêve, pour « recommencer à nous canarder »; ce sont ses propres mots. En fait, c'était tout cet épisode qui semblait si étrange : nous nous tenions là, face à face, bien droits, en plein jour, sans tirer un seul coup de feu; la plupart d'entre nous avions l'impression de rêver.

Il est difficile d'évaluer pleinement les répercussions de cette nuit désastreuse. Peut-être a-t-elle donné à l'ennemi une assurance trompeuse, mais elle doit avoir également ébranlé la confiance des Canadiens, officiers ou militaires du rang, envers les chefs qui, à l'échelon supérieur, avaient insisté pour que le raid ait lieu en dépit du bon sens. Pourtant, d'autres raids ont déjà été couronnés de succès, et d'autres encore (du 20 mars au 9 avril, il y en a de moindre envergure presque chaque nuit en différents points du front canadien) le seront par la suite.

Loin derrière le front, on mettait l'infanterie à l'épreuve, conformément aux leçons apprises des Français. Un volontaire américain, le soldat George V. Bell, consigne dans une chronique inédite que « nous avons effectué une répétition générale complète de la prise de la crête de Vimy ».

On avait délimité à l'aide de rubans une vaste étendue de terrain ressemblant d'aussi près que possible aux positions ennemies sur la crête. Pendant un mois, nous y avons pratiqué l'attaque, de sorte que chaque homme avait dans son esprit une image des conditions qui régnaient sur cette crête, et connaissait le rôle qu'il devrait jouer lorsque le rideau se lèverait. On se montrait rudement sérieux dans ces répétitions; les acteurs n'avaient pas intérêt à oublier leur texte.

Une fois encore, nous nous sommes mis à avancer, et le spectacle qui s'offrait à nos yeux était vraiment extraordinaire. Derrière notre front, chaque route, chaque chemin, sur plusieurs milles, débordait de brigades d'infanterie britanniques* montant toutes en ligne, de batteries de massifs canons de siège et d'artillerie de campagne, de cavaliers, de bataillons du génie, de centaines de camions chargés de munitions et de rations, autant d'accessoires [de scène] de ce grand drame. Tous s'avançaient vers la crête de Vimy et nous savions qu'il se préparait quelque chose de grand.

---

* Américain, Bell (tout comme les Allemands) n'établissait généralement pas de distinction entre les Canadiens et les Britanniques.

Un autre protagoniste note que « les "attaquants" portent exactement ce dont ils seront pourvus le jour de l'assaut; ainsi équipés, ils s'exercent à sortir le plus rapidement possible des tranchées de départ et à suivre le barrage représenté par des officiers à cheval, portant des drapeaux, qui chevauchent devant les soldats à la même vitesse qu'un barrage roulant ».

À Vimy, le succès dépendra d'une administration précise, d'une préparation soignée et d'une coordination parfaite. Il ne peut pas y avoir de surprise, sauf quant au respect exact de l'horaire. Au cours des trois dernières semaines précédant l'attaque, on tire un million d'obus en direction de la crête, vers une parcelle de terrain de huit mille mètres de long sur cinq mille mètres de profondeur. Il ne faut donc pas s'étonner si, le dernier jour de mars, au beau milieu de ce grand bombardement, le *Kronprinz* Rupprecht von Bayern, commandant le groupe d'armées allemandes auquel appartient la 6e Armée, observe que « le 1er Corps d'armée bavarois de réserve répond, à une demande de renseignements, qu'il s'attend à ce que l'attaque ennemie ait lieu dans une dizaine de jours ». Le lendemain, il ajoute :

> *Un Canadien fait prisonnier a déclaré que, après six à dix jours de préparation d'artillerie, l'attaque sur la crête de Vimy sera lancée, ceci avant le milieu du mois. Il semble exact, après tout, que quatre divisions canadiennes soient affectées à cette région. Toujours selon ce prisonnier canadien, des bouteilles de gaz ont été disposées dans le secteur de l'attaque.*

Comme la plupart des renseignements sur l'ennemi, ceux-ci sont en partie vrais et en partie faux. Après la débâcle du 1er mars, les Canadiens n'ont pas l'intention de faire usage de gaz, bien qu'ils aient l'intention de lancer une certaine quantité d'obus à gaz au cours du bombardement final.

Le 6 avril (jour de l'entrée en guerre des États-Unis, après le torpillage de plusieurs navires américains par des U-Boat, qui suivait de près la proclamation allemande d'une guerre sous-marine à outrance), le *Kronprinz* Rupprecht conclut que « tout semble indiquer l'imminence de l'attaque dans le secteur d'Arras ». Le *Generaloberst* von Falkenhausen n'a toutefois rien perdu de son assurance. Le lendemain, il estime que « les hommes semblent mentalement et physiquement moins alertes après les tensions du bombardement des derniers jours, mais devraient être capables de supporter une offensive importante ».

Il n'aurait pas pu se tromper davantage. Vingt-quatre heures plus tard, Frank Ferguson écrivait :

> *Dimanche de Pâques : au cours de la nuit, 1 420 obus sont arrivés sur des camions, et tout le monde est occupé à les laver et à les disposer soigneusement en rangées. Il a fallu passer un certain temps à les rouler. Nous nous sommes ensuite rendus*

aux canons pour tirer 500 coups. Une chouette bande de chrétiens que nous faisons là.

Pendant que les canons tirent, Jack Harris et dix mille de ses compatriotes canadiens s'engagent un à un dans les treize tunnels (dont des enseignes rouges et blanches de coiffeur indiquent l'entrée) qui mènent au front. Dix mille autres se glissent dans les tranchées de première ligne et les vieux cratères de mines, certains d'entre eux à cinquante mètres à peine des avant-postes ennemis. Tous attendent le signal de l'assaut.

Ici, le lecteur voudra sans doute déplier cette carte qui lui permettra de saisir les relations unissant les divisions, les brigades et les bataillons, et de joindre l'image au texte pour mieux suivre le déroulement de l'attaque canadienne.

CHAPITRE III

CHAPITRE III

LE LUNDI DE PÂQUES

Nous avons déjà observé que l'attaque de la crête de Vimy n'est qu'une petite partie d'un autre assaut, d'une bien plus grande envergure, que livrent la 1re et surtout la 3e Armées britanniques. Pourtant, l'ennemi ne doute pas un instant de l'importance de la crête qu'il occupe, ni de la qualité des troupes qui se préparent à la prendre. C'est ainsi que le général Hermann von Kuhl, chef d'état-major du *Kronprinz* Rupprecht, écrit : « On avait affecté au point le plus important le Corps d'armée canadien, qui comptait parmi les meilleures troupes de l'adversaire ».

Aux premières heures du matin (le lundi de Pâques, qui est aussi le cinquante-deuxième anniversaire de Ludendorff), la pluie se transforme graduellement en neige, qu'un vent violent du nord-ouest pousse le long de la crête. L'artillerie tire toute la nuit une combinaison d'obus brisants et d'obus à gaz (en diminuant lentement la cadence, afin de bercer l'ennemi dans la conviction que l'attaque ne viendra pas encore), mais sans jamais faire appel simultanément à plus de la moitié des batteries. Elle va bientôt changer de tactique. Il y a une pièce d'artillerie lourde tous les dix-huit mètres du front canadien, et une pièce de campagne tous les neuf mètres. C'est là une densité plus que double de celle qu'on avait utilisée sur la Somme.

5 h 28 Les mitrailleuses commencent à tirer;
5 h 30 Les mines [explosent];
5 h 30 : 30 Les canons commencent à tirer.

Aux huit cent cinquante pièces des Canadiens viennent s'en ajouter deux cent quatre-vingts autres appartenant au 1er Corps d'armée (britannique), sur leur gauche, et à la 1re Armée. Elles tirent toutes à la fois sur la crête, aussi rapidement que les artilleurs peuvent les recharger : ceux qui manipulent les obus transpirent en dépit du froid. L'artillerie lourde se concentre sur les cent soixante-quinze batteries allemandes connues qui sont à sa portée, sur les aires d'entreposage de munitions à ciel ouvert et sur les réseaux vitaux de communication. L'artillerie de campagne canonne trois minutes les tranchées allemandes les plus proches, puis son tir commence à s'allonger graduellement de quatre-vingt-dix mètres toutes les trois minutes, suivi de près par la première vague d'infanterie, qui s'avance pesamment.

LE PLAN

Il s'agit d'un assaut frontal, comme le sont, à ce stade de la guerre, toutes les opérations offensives du front occidental. Le plan conçu par Byng et son état-major est simple en principe, mais complexe dans son application, et son succès dépend d'abord et avant tout d'une coopération parfaite entre les attaquants. Les quatre divisions canadiennes progresseront toutes sur une même ligne, disposées en ordre numérique du sud au nord, mais leur front formera un angle avec la crête, qui est plus escarpée et plus élevée au nord. Ainsi, par exemple, la 1re Division doit franchir quatre mille mètres de terrain relativement facile pour atteindre ses objectifs, dans le bois de Farbus; mais sept cents mètres à peine séparent la 4ᵉ Division du sommet stratégique de la cote 145, sur des pentes plus raides, cependant, et plus puissamment fortifiées.

À cause de ces disparités, l'assaut est divisé en quatre bonds, que des lignes de couleurs différentes permettent de distinguer sur la carte. La ligne Noire passe derrière les premières positions de l'ennemi, suivant un tracé plus ou moins parallèle à la ligne de front canadienne, alors que la ligne Rouge s'étend vers le nord le long de la *Zwischen Stellung*, ou deuxième ligne allemande, et franchit la crête pour pénétrer dans le bois de la Folie, avant de bifurquer vers le nord-ouest pour suivre la limite orientale de la crête.

L'arrivée à la ligne Rouge met fin à la tâche des 3ᵉ et 4ᵉ Divisions, mais, sur le front de la 1ʳᵉ et sur celui de la 2ᵉ, il faudra deux bonds supplémentaires. Là, une ligne Bleue englobera le hameau de Thélus, la cote 135 et les bois surplombant le village de Vimy. Enfin, la ligne Brune, qui traverse le bois de Farbus, Farbus lui-même et le bois de Bonval, objectifs finals des 1ʳᵉ et 2ᵉ Divisions, amènerait celles-ci sur les premières pentes de l'extrémité sud-est de la crête, aux abords de Vimy.

Presque séparé de l'extrémité septentrionale de la crête, dominé par la cote 145, qui, du côté sud, le masque aux regards depuis la vallée de la Scarpe, le Bourgeon devient important. En effet, il domine à son tour Souchez et la ligne canadienne de communications qui traverse la vallée du Zouave. Sa conquête n'est pas absolument essentielle au succès global mais elle parachèvera un fait d'armes mémorable. On ne dispose pas de troupes suffisantes, cependant, pour l'attaquer en même temps que les autres objectifs, et il ne semble pas déraisonnable de l'oublier durant vingt-quatre heures, jusqu'à ce que les Canadiens se soient rendus maîtres de la section principale de la crête.

Le front tout entier s'ébranle à 5 h 30, et les 3ᵉ et 4ᵉ Divisions devront atteindre leur objectif à 7 h 05. Après une pause de deux heures et demie (pour permettre aux réserves de brigade de passer en première position et pour faire avancer quelques canons), les 1ʳᵉ et 2ᵉ Divisions reprendront leur avance et atteindront leurs objectifs vers 13 h 18. Ainsi, lorsqu'on aura atteint tous ces objectifs, on disposera d'une ligne d'avant-postes adossée, juste au-delà du faîte, à une ligne d'appui. Sur le versant occidental, qui formera désormais la contre-pente, on établira également, à une centaine de mètres du sommet, une ligne de résistance principale, invisible aux forces terrestres de l'ennemi et à l'abri de la plus grande partie de ses bombardements d'artillerie.

Enfin, Byng formule une règle qui « est révolutionnaire à ce stade de la guerre », dira son biographe (peut-être avec raison, du moins en ce qui concernait les Britanniques).

Si une division ou une brigade est tenue en échec, les unités qui la flanquent ne doivent en aucun cas interrompre leur progression. Elles formeront plutôt des flancs défensifs dans cette direction et avanceront elles-mêmes de manière à envelopper l'emplacement fortifié ou le centre de résistance qui fait obstacle. C'est en fonction de cet objectif qu'on lancera

Pièces de 9 pouces tirant jour et nuit. [BAC PA 1178, PA 1182]

La 17ᵉ Batterie de l'artillerie de campagne canadienne se sert ici d'un canon de campagne pris aux Allemands. On avait prévu, dans le plan d'opérations de Vimy, l'utilisation de canons ennemis lorsque l'occasion s'en présenterait, à cause de tout le temps qui serait nécessaire, dans la boue, pour hisser l'artillerie canadienne jusqu'au faîte. [BAC PA 1018]

les réserves derrière les sections de la ligne où l'avance aura réussi, et non celles où elle aura été retenue.

En d'autres termes, c'est le succès qu'il faut renforcer, et non l'échec.

Voilà assurément une excellente stratégie, mais la voie du succès passe, d'abord et avant tout, par la conquête de la cote 145. À longue échéance, les résultats obtenus par la 1re Division (major-général Currie) dépendront de la prise de Thélus par la 2e (Burstall). À son tour, celle-ci ne pourra occuper Thélus que si la 3e Division (Lipsett) prend la ferme de la Folie; or, la 3e ne peut s'attendre à réussir cette opération que si la 4e Division de Watson arrive à s'emparer du sommet stratégique de la cote 145.

LA 1re DIVISION : « RIEN NE POUVAIT NOUS ARRÊTER... »

La 1re Division a une plus grande distance à couvrir, mais le front qui lui a été assigné se resserre à mesure qu'elle avance. C'est pourquoi ses 2e et 3e Brigades sont côte à côte au moment de l'assaut initial, alors que la 1re devra les dépasser sur la ligne Brune, où la largeur du front commence à rétrécir rapidement. Même le commandant de la division, Arthur Currie, trouve le barrage « terrifiant ». Lorsque ce dernier a dépassé les tranchées et les abris des Allemands, un certain nombre de leurs vaillants soldats se relèvent à temps pour ajuster leurs mitrailleuses contre l'infanterie en marche. « Malgré tout », rendra compte la 3e Brigade après le combat, « la ligne progressait sans s'arrêter, sans jamais se laisser distancer par le magnifique barrage roulant ».

Les premiers Canadiens atteignent ce qui reste des tranchées ennemies les plus rapprochées, alors que la plupart des défenseurs survivants restent encore terrés dans leurs profonds abris, cinq à dix mètres sous terre. Les attaquants, selon l'expression de l'époque, « s'appuient sur le barrage ». Lorsque le tir s'allonge, il ne faut donc pas plus d'une minute aux soldats pour atteindre l'entrée des abris et, avant de poursuivre leur avance, y laisser tomber ou y faire rouler des bombes au phosphore ou des grenades.

Tous les bataillons rapportent que, comme d'habitude, les soldats trop impétueux se sont enfoncés dans le barrage, et que certains d'entre eux en ont sans doute été victimes...

Ici, le 14e Bataillon a subi de lourdes pertes. Sur les quatre mitrailleuses ennemies qui ont tenté de contenir son avance, deux ont été mises hors de combat à coups de grenades Mills. Un détachement ayant à sa tête le lieutenant DAVIDSON en a attaqué une autre et l'a mise hors de combat. Quant à la dernière, le sergent-major de compagnie HURLEY s'en est emparé à lui tout seul, passant les servants à la baïonnette.

Deux autres emplacements de mitrailleuses tombent entre les mains du soldat W. J. Milne, un membre d'origine écossaise du 16e Bataillon

Au son du sifflet, le moment est venu de « sauter le toboggan ». [BAC PA 648]

Le soldat William Milne mérita une Croix de Victoria pour avoir réduit, près de Thélus, sur la crête de Vimy, un emplacement de mitrailleuses semblable à celui-ci. [BAC PA 1122]

« La ligne progressait sans s'arrêter, sans jamais se laisser distancer par le magnifique barrage roulant. » [BAC PA 1046]

(*Canadian Scottish*). Pendant que de petits groupes de fantassins rampent « depuis trois directions » vers le premier emplacement (les mitrailleurs allemands sont rarement pressés de battre en retraite) :

On entendit une série d'explosions dans la direction de la mitrailleuse ennemie et... le soldat Milne jaillit d'un trou d'obus voisin, faisant signe à ses camarades de continuer. S'avançant à quatre pattes, il avait contourné jusqu'à bonne portée les servants de la mitrailleuse ennemie et les avait tous mis hors de combat à coups de grenades à main.

Le second exploit de Milne n'est pas consigné avec autant de détails. On sait seulement qu'il « met hors de combat une autre mitrailleuse allemande, qui nuisait sérieusement à l'avance ». Sa valeur sera récompensée par une Croix de Victoria, mais, tué au combat avant la fin de la journée, il n'en saura jamais rien*.

Le bataillon de Milne, à droite du front de la 3e Brigade, souffre davantage que toute autre unité de la 1re Division. Vingt officiers (sur trente) et plus de trois cents hommes de troupe (près de la moitié) sont en effet tués ou blessés. Le seul officier à en sortir indemne est le lieutenant C. E. B. Jones**. Ontarien d'origine, Jones, comme Jack Harris, s'était enrôlé (à Calgary) en réponse à l'appel du Premier ministre Borden qui, en janvier 1916, demandait un million d'hommes. Il est arrivé au front en novembre 1916 et il écrit maintenant chez lui pour raconter son premier grand combat.

Le lundi de Pâques, sur le coup de 5 h 30, un grand fracas s'est fait entendre. De toute sa puissance, notre artillerie a balayé la ligne boche, et nous sommes sortis en suivant notre barrage. C'était très beau à voir, et je ne l'oublierai jamais. L'aube se levait tout juste, et le feu d'artifice des Boches illuminait le ciel. Leur infanterie lançait des SOS frénétiques à leur artillerie, mais ils ne pouvaient pas grand-chose contre tout ce dont nous disposions... Le bruit était épouvantable, mais, par-dessus le fracas des gros canons, on pouvait entendre le crépitement des mitrailleuses boches qui tentaient de juguler la ruée des Canadiens. Des hommes tombaient çà et là, mais rien ne pouvait nous arrêter, et nous avons atteint notre premier objectif en un temps record. Nous y avons observé une pause, pendant que nos canons donnaient sur les tranchées arrière des Boches, et je suis tombé sur le jeune Archie Cornell, gai comme un pinson, toujours à la tête de ses hommes...

---

* La Croix de Victoria de Milne fut la première des quatre décorations de cet ordre décernées au 16e Bataillon pendant la guerre, c'est-à-dire davantage qu'à n'importe quelle autre unité canadienne.

** Toutefois, Jones allait être blessé deux fois avant la fin de la guerre, et gagner une Croix militaire à la bataille d'Amiens, le 8 août 1918, où il fut grièvement atteint.

« En regardant de chaque côté, on pouvait voir des milliers d'hommes pénétrant lentement, mais sûrement, dans les lignes allemandes. » [BAC PA 1086]

« Les soldats trop impétueux se sont enfoncés dans le barrage, et [...] certains d'entre eux en ont sans doute été victimes... » [BAC PA 1087]

Toute la journée, et jusqu'à la nuit suivante, nous n'avons pas quitté notre dernier objectif, pendant que d'autres troupes nous dépassaient et refoulaient les Boches. Ç'a été une opération magistrale et, lorsque l'après-midi est arrivé, nous avions fait des tas de prisonniers, officiers et généraux, en plus de prendre des canons et toutes sortes de trucs...

Il nous a fallu payer, mais pas trop chèrement. Ce malheureux Mac a été tué au début du combat... Pauvre Archie Cornell, le type le plus chouette, le plus enjoué du bataillon, a été tué à cinquante verges du dernier objectif. Campbell, un ami de Sheffield, qui jouait au tennis à Calgary, a été tué au début de la journée; Kirkham a été blessé. En atteignant notre objectif final, nous [les officiers] n'étions plus que deux dans notre compagnie : le commandant et moi-même. Il avait été blessé deux fois, mais il a tenu le coup jusqu'au lendemain matin, où il est retourné au poste d'évacuation sanitaire et, seul à ne pas avoir une égratignure, j'ai assumé le commandement de la compagnie.

Jones passe ensuite l'après-midi « à dormir dans l'abri d'un officier, éclairé à l'électricité, sur un lit confortable où, à peine quelques heures plus tôt, avait dormi un commandant [allemand] ».

Cet aveu revêt un accent criant d'authenticité. En effet, il n'est rien de plus épuisant, physiquement, que les émotions suscitées par la perspective de la mort ou d'une mutilation imminentes. Or, tous les hommes qui, ce jour-là, ont escaladé péniblement la crête de Vimy ont enduré d'effroyables heures d'attente, avant même d'avoir quitté la ligne de départ. Au cours de l'avance, alors que d'autres hommes tombent autour d'eux, l'intensité de leurs craintes est multipliée au centuple certainement et, à dire vrai, un très grand nombre de Canadiens se sont probablement endormis une fois tari leur flot d'adrénaline. D'autres, ainsi que nous le verrons, s'adonnent aux jeux de cartes.

Le 15e Bataillon (*48th Highlanders of Canada*) attaque au centre du front de la division. Le lieutenant Gordon Chisholm, de Toronto, explique à sa famille qu'« on nous avait placés dans cette section de la ligne où, il y un certain temps, nous nous sommes livrés à une attaque [c.-à-d. à un raid], et nous avons eu amplement le temps d'étudier le terrain avant d'y aller ».

Quelques minutes avant l'heure, j'ai fait distribuer du rhum aux soldats, puis nous avons attendu... Lorsque notre tour est venu, nous avons escaladé le parapet et nous nous sommes mis en route. En regardant de chaque côté, on pouvait voir des milliers d'hommes pénétrant lentement, mais sûrement, dans les lignes allemandes. Devant nous, notre artillerie traçait la voie. Lorsque nous avons atteint les lignes allemandes, nous avons eu de la difficulté à les reconnaître. Les tranchées, du moins ce qu'il en restait, n'étaient plus que de simples lignes encaissés...

Une position de pièce allemande, juste devant Farbus. [BAC PA 994]

Le village en ruines de Farbus, totalement détruit par les obus. [BAC PA 1084]

Des officiers allemands se rendent. Ils semblent incapables de croire ce qui vient d'arriver. [BAC PA 1032]

Je devais prendre position dans un bois; lorsque je l'ai trouvé, je me suis rendu compte qu'il s'agissait d'un bout de terrain recouvert de souches d'à peu près un pied de haut. Nous nous sommes arrêtés là, et nous avons commencé à creuser des tranchées. C'est en courant à droite et à gauche pour surveiller les opérations que « j'y ai eu droit ». Une mitrailleuse a ouvert le feu sur nous et, en essayant de lui échapper, j'ai trébuché sur une baïonnette, m'infligeant une vilaine blessure au pied... J'ai dû courir, malgré mon pied endolori, sous une pluie d'obus. En atteignant nos anciennes tranchées, j'ai été plutôt surpris de voir que j'entraînais un cortège à ma suite : les Allemands semblaient en effet jaillir du sol. Les ayant comptés, j'ai découvert que j'en avais six à guider, alors je les ai entraînés dans la tranchée et je les ai dirigés par derrière.

Une fois la ligne Rouge conquise, la 1re Brigade passe devant; son 1er Bataillon (Ouest de l'Ontario) se retrouve à l'extrême droite de la ligne canadienne. « Il y avait une petite localité à notre gauche », écrit le soldat J. H. Hapgood, de Simcoe, en Ontario, dont la lettre à des amis se retrouve, sans qu'on sache trop comment, dans les pages d'août du journal le plus influent de Grande-Bretagne, *The Times*. Hapgood regardait vers le haut, passé la limite de la zone d'action de sa division, et c'était le village de Thélus qu'il apercevait ainsi, sur le front de la 2e Division. Ainsi qu'on l'a déjà signalé, c'est de ce village que dépendait le succès de la 1re Division.

Lorsque nous sommes arrivés à sa hauteur, nous avons dû faire halte dix minutes pendant que nos artilleurs rasaient le village. C'est exactement le temps qu'il leur a fallu pour le rayer complètement du paysage, car ils ont braqué dessus tous les canons qui étaient à bonne portée. À chaque seconde qui passait, ils y logeaient des centaines d'obus.

Ferguson, un canonnier qui se trouve à quelques milles à l'arrière, avec l'artillerie, ignore tout de la présence, là-bas, de Hapgood. Il consigne simplement que « nous avons accordé dix minutes à Thélus, puis nous sommes passés à Farbus ». Thélus détruit, Hapgood et ses camarades reprennent leur avance.

Nous avons continué d'avancer jusque vers 10 heures avant d'arriver au lopin de terrain que notre bataillon devait prendre. Là, nous avons été arrêtés par un poste de grenades boche. Et l'ennemi ne se contentait pas de nous lancer les grenades. À la fin, j'ai pu apercevoir les Allemands à travers un créneau de leur parapet, et j'ai immédiatement ouvert [le feu de] ma mitrailleuse [Lewis] sur eux. J'ai oublié de vous dire que je commandais une section, ce jour-là, et que j'avais une mitrailleuse pour moi tout seul.

J'ai vidé sur eux environ deux chargeurs et demi, puis je me suis rendu jusqu'à un autre trou d'obus, un peu plus près des Fritz. Je venais juste d'arriver au sommet

Des infirmiers allemands aident à soigner les blessés. [BAC PA 1125]

Des blessés quittent un poste de secours avancé. [BAC PA 680]

Quelques chars franchirent le front allemand, mais ils s'enlisèrent bientôt dans la boue. [MDN O-2285]

de l'entonnoir, lorsque quelque chose m'a frappé. J'ai laissé tomber ma mitrailleuse et j'ai basculé dans la boue. Je ne pouvais rien voir et je me sentais terriblement étourdi. À voir tout ce sang, j'étais sûr qu'il ne restait plus grand-chose de ma tête. Je pouvais le sentir couler sur mes yeux, dans mon nez et le long de mon cou... Au bout d'environ cinq minutes, l'un des nôtres est apparu. Il m'a fait un pansement, et je ne me suis pas senti trop mal. Encore une quinzaine de minutes, et mon copain est revenu, blessé aux deux jambes. Ensemble, nous avons foncé vers un poste de secours, d'où des prisonniers boches m'ont transporté sur un brancard jusqu'à l'ambulance...

À la ligne Bleue, le 1er Bataillon se trouve évincé d'un front de plus en plus étroit, pendant que le 2e (Est de l'Ontario) et le 3e (Toronto) poursuivent leur avance. À droite de la 1re Division, par contre, la 51e Division britannique *(Highland)* de la 3e Armée est loin de s'en tirer aussi bien. Sa brigade voisine des Canadiens n'arrive pas à les suivre (en fin de compte, les Écossais s'arrêtent à cinq cents mètres de leur objectif final), de sorte que le 3e Bataillon, pour couvrir un flanc exposé, doit faire pivoter de quatre-vingt-dix degrés le front de sa compagnie de droite par rapport à son axe de progression. Le 2e Bataillon effectue un léger mouvement latéral vers la droite, élargissant légèrement son front pour occuper une partie de celui du 3e. Puis la brigade commence à creuser des tranchées sur la ligne Brune, dans le bois de Farbus.

Les pertes des 2e et 3e Brigades, qui ont livré l'assaut initial, sont considérablement plus élevées que celles de la 1re, qui les avait dépassées sur la ligne Rouge. La 2e a perdu (en chiffres ronds) onze cents hommes, tués, blessés ou disparus, et la 3e près de mille, en comparaison des quatre cent cinquante de la 1re. Aujourd'hui, ces chiffres semblent horrifiants, mais le succès que représente alors une avance de quatre mille mètres réalisée au prix de deux mille cinq cents victimes s'avère supérieur à tout ce qu'aucun des antagonistes avait réalisé, sur le front occidental, depuis 1914.

LA 2e DIVISION : « ... ACTES DE COURAGE ET D'INITIATIVES PERSONNELLES... »

Même si la 2e Division n'a pas à couvrir une distance tout à fait aussi longue que la 1re, il a semblé aux planificateurs que sa tâche serait peut-être la plus difficile de toutes. Afin de réduire, pour les troupes, le risque de s'écarter de leur axe de progression, on fixe, le long d'une série d'accidents de terrain faciles à reconnaître, les lignes délimitant les zones d'action des divisions. Le front d'attaque initial de la 2e Division est plus étroit que celui de la 1re Division (environ douze cents mètres au lieu de quinze cents), mais il s'élargit à mesure qu'on avance, particulièrement entre les lignes Rouge et Brune. Si l'attaque initiale doit être lancée par deux brigades alignées (comme ça été le cas), et si la troisième brigade doit les dépasser sur la ligne Rouge, alors la largeur du front de cette dernière brigade sera bientôt de plus de deux mille mètres, ce qui est tout simplement trop.

D'autre part, il en faut assurément deux pour l'assaut initial et la division n'en compte que trois. C'est pourquoi, au cours de la deuxième phase

Les mitrailleurs allemands combattirent vaillamment mais, à la fin, furent incapables de contenir l'assaut. Des Canadiens occupent un nid de mitrailleuses endommagé au sommet de la crête. [BAC PA 1101]

Près de Thélus, passablement abîmé, un canon de campagne à grande vitesse initiale et à trajectoire basse convenant à la lutte antichar. [BAC PA 976]

de l'assaut de la 2ᵉ Division, on envoie une brigade britannique, la 13ᵉ, rejoindre la 6ᵉ canadienne. Détachée de la 5ᵉ Division britannique, cette 13ᵉ brigade a été mise à la disposition de Byng comme réserve de corps d'armée. De plus, parce que la 2ᵉ devra s'attaquer aux garnisons occupant les vestiges dévastés des Tilleuls et les ruines de Thélus et de Farbus (ce village se trouvait sur la ligne Brune, l'objectif final), on lui affecte les huit chars de série I également mis à la disposition de Byng.

Ces huits chars s'enlisent tous sans exception dans la boue de Vimy avant d'avoir pu participer aux combats. S'il faut en croire le capitaine R. J. Manion, le médecin du 21ᵉ Bataillon (Est de l'Ontario), qui gagne la médaille Militaire ce jour-là, leur seule valeur « a été d'attirer et de localiser, dans une certaine mesure, le feu de l'ennemi, et de signaler ainsi les zones dangereuses qu'il vaudrait mieux éviter ». Heureusement, les chars ne sont pas nécessaires. Tout va bien pour la 2ᵉ Division, à l'instar de la 1ʳᵉ, en dépit des vaillants efforts des mitrailleurs ennemis qui résistent jusqu'au bout.

Une « succession d'actes de courage et d'initiatives personnelles » empêche toute interruption sérieuse de leur avance. Citons en exemple la fois où, sur la deuxième ligne de défense, juste avant Les Tilleuls, des mitrailleuses prennent en enfilade les hommes de la Compagnie C du 18ᵉ Bataillon (Ouest de l'Ontario).

Des hommes se mirent à tomber, touchés par l'ennemi invisible. Les autres cherchaient à percer du regard les ténèbres qui les enveloppaient [il ne faisait pas encore tout à fait jour] pour découvrir le nid [de mitrailleuses]. Le sergent suppléant [Ellis] Sifton fut le premier à l'apercevoir...

Sifton... fonça droit devant, bondit dans la tranchée, chargea les servants et, après avoir culbuté la mitrailleuse, les attaqua à la baïonnette.

D'autres Allemands occupant la tranchée chargent Sifton (de Wallacetown, en Ontario), qui fait le vide autour de lui à coups de crosse et de baïonnette jusqu'à ce que ses hommes puissent le rejoindre. La bataille est terminée, et les Canadiens sont maîtres de la tranchée, lorsque « un Allemand agonisant, l'une des victimes de Sifton, ayant roulé sur lui-même jusqu'au bord de la tranchée, ramasse un fusil et vise soigneusement... ». Sifton, tout comme Milne, eut droit à une Croix de Victoria posthume.

Le 21ᵉ Bataillon (Est de l'Ontario), qui reçoit pour mission de prendre Les Tilleuls, y perd un tiers de son effectif. Par contre, un lieutenant de vingt-deux ans, J. E. Johnson, compense la moitié de cette perte lorsque, accompagné d'un caporal dont l'histoire n'a pas retenu le nom, il découvre par hasard, aux Tilleuls, « un long escalier en colimaçon » menant à une grande cave dont l'ennemi avait fait un abri souterrain pouvant recevoir une compagnie. « Ils y lancèrent quelques grenades Mills, dégainèrent leur révolver et descendirent l'escalier. Là, à la lumière vacillante des chandelles, ils se trouvent face à face avec cent cinq officiers et

Un obus éclate dans les rues de Vimy [ou de Thélus?]. [BAC PA 1289]

La légende officielle est : « Grand-rue de Vimy », mais l'image rappelle davantage Thélus. Vimy ne fut pas si gravement endommagé. [BAC PA 1140]

Il était parfois plus difficile de conserver du terrain nouvellement conquis que de le prendre. Des Canadiens creusent des tranchées juste derrière la limite orientale de la crête. [BAC PA 1085]

hommes de troupe allemands, tous armés ». Payant d'audace, Johnson prétend qu'une force importante l'attend à la surface. Avec l'aide de son caporal, il désarme tous les Allemands, puis les envoie à l'arrière comme prisonniers de guerre après avoir rassemblé une demi-douzaine d'autres hommes pour leur servir d'escorte. Son initiative lui a valu une Croix militaire.

Le 31e Bataillon (Alberta) prend les ruines de Thélus et fournit un autre récit des ravages qu'y a exercés l'artillerie. « Les dégâts subis par THÉLUS sont inouïs. Les édifices sont démolis, les tranchées oblitérées et les barbelés réduits en miettes. Il n'y a pratiquement pas un pouce de terrain qui ne porte les stigmates de l'effet formidable de nos canons ».

L'avance de la ligne Bleue à la ligne Brune est l'œuvre du 27e Bataillon (Winnipeg) et du 29e (Vancouver), accompagnés, sur leur gauche, de deux bataillons de la 13e Brigade britannique : le *King's Own Scottish Borderers* et le *Royal West Kents*. Les Canadiens, après avoir franchi le faîte bas et aplati de la crête, sont maintenant si profondément enfoncés dans les positions allemandes qu'ils commencent à subir de très près les effets des batteries les plus avancées de l'artillerie de campagne ennemie. Selon l'historien officiel britannique, l'une de celles-ci ouvre le feu sur eux à une distance d'au plus de cinquante mètres.

Sur ce, la vague de front des deux bataillons poussa un grand cri, chargea vers le bas de la pente, et passa les artilleurs à la baïonnette ou les captura. Poursuivant son avance, elle traversa la tranchée de la deuxième ligne et s'empara de la lisière orientale du bois de la Ville [juste en face de Farbus]. En cours de route, elle fit, dans les divers abris, 250 prisonniers, dont le commandant et l'état-major du 3e Régiment bavarois de réserve.

À 11 heures, le commandant de la 79e Division allemande de Réserve ordonne une contre-attaque « immédiate » de trois bataillons pour reprendre la cote 135. Mais, un commandant de régiment, ignorant de cet ordre, utilise ces bataillons pour boucher des trous au bas du bois de la Folie qu'il tente de conserver. Le contre-ordre arrive trop tard. La nuit tombe déjà au moment où une force insuffisante de deux ou trois compagnies est prête à contre-attaquer. Par manque d'hommes et de puissance de feu, la tentative allemande n'aboutit à rien.

Le chiffre total des pertes de la 2e Division n'est inférieur que d'une trentaine de victimes à celui de la 1re et, encore une fois, la plus grande partie de ces pertes frappe les deux brigades qui ont amorcé l'attaque. Au cours de la dernière phase, la 13e Brigade britannique perd cent cinquante hommes de moins que la 6e canadienne qui, curieusement, présente un nombre disproportionné de blessés relativement à celui des tués. Normalement, ce rapport est d'environ trois à un. Tel est le cas, sur la crête de Vimy, des autres bataillons, tant de la 1re que de la 2e Divisions. Mais, en cette occasion, il est d'environ cinq à un au sein de la 6e Brigade.

Des mitrailleurs canadiens se préparent à une contre-attaque qui ne viendra jamais. [BAC PA 1017]

Par endroits, le terrain était si mauvais que des hommes grièvement blessés tombèrent dans des trous d'obus remplis d'eau, où ils se noyèrent. Touché à la jambe ou au pied, ce soldat a eu de la chance : ses camarades l'aident à rejoindre un poste de secours avancé. [MDN Hist-15]

Billy Bishop, avant d'avoir mérité une Croix de Victoria. Pour une raison demeurée obscure, un censeur a caviardé le numéro d'immatriculation sur la dérive de son chasseur Nieuport. [MDN O-1751]

LA 3ᵉ DIVISION

La 3ᵉ Division attaque sur un front d'une largeur semblable à celui de la 2ᵉ. Toutefois, la distance qu'elle doit franchir est, sur la droite, légèrement inférieure aux deux tiers de celle qu'a dû traverser la 2ᵉ Division; sur la gauche, elle est de moins de la moitié de cette distance. Le seul obstacle qui risque de s'avérer important est la ferme de la Folie. De plus, la 3ᵉ Division bénéficie d'une approche protégée par les deux tunnels les plus longs du front, à savoir *Goodman* (1 500 mètres) et *Grange* (1 100 mètres). Grâce à eux, elle connaît des pertes minimes pendant la phase d'approche et la dislocation des formations d'attaque de ses bataillons est réduite au minimum à la sortie.

Trois des quatre bataillons de fusiliers à cheval de la 8ᵉ Brigade (le 1ᵉʳ, le 2ᵉ et le 4ᵉ; le 3ᵉ étant affecté au nettoyage) se lancent à l'assaut de la pente juste derrière le barrage, ne laissant aucune chance aux mitrailleurs ennemis d'entrer en action. Les Allemands aussi possèdent des tunnels, qui relient leurs premières positions à celles qui s'étendent plus loin derrière. Le 2ᵉ Bataillon canadien de fusiliers à cheval capture plus de cent cinquante hommes entassés à l'extrémité orientale de l'un de ces tunnels, et « dont plusieurs ne sont qu'à demi vêtus ».

La nouvelle de la présence des « Anglais » à une extrémité du tunnel convainc le commandant du bataillon allemand concerné, dont le QG est à l'autre extrémité (occidentale), d'essayer de battre en retraite.

On n'avait pas plus tôt décidé d'abandonner le QG du bataillon, à l'entrée du tunnel, que les premiers Anglais apparurent à 200 mètres de là et mirent une mitrailleuse en batterie à la maison Ruhleben. Poursuivis par le tir de cette mitrailleuse importune, le commandant du bataillon, son état-major et vingt autres soldats, enfoncés jusqu'aux genoux dans la boue, reculèrent le long du boyau de communication vers les positions de deuxième ligne, mais la plupart des membres de l'état-major et tous les hommes de troupe furent tués ou blessés avant de les atteindre.

Le présent ouvrage s'est ouvert sur les aventures de Jack Harris, qui sert dans le 4ᵉ Bataillon canadien de fusiliers à cheval, et il ne serait peut-être pas sans intérêt, à ce point de notre récit, de présenter les souvenirs d'un soldat allemand qui se trouve dans les tranchées attaquées par ce bataillon canadien. L'histoire régimentaire du 263ᵉ Régiment de réserve rapporte qu'« un seul homme du 1ᵉʳ Bataillon... est revenu de la première ligne, le 9 avril ». C'est « un homme posé, un agriculteur de la région de Lüneburg » qui, par la suite, raconte à ses supérieurs que « tout d'abord, l'attaque ne fit aucun progrès, car les tirs de mitrailleuses et de fusils allemands étaient très efficaces ».

En particulier, les mitrailleuses occupant des positions de flanquement avaient un grand effet et abattirent des Anglais par rangs entiers, [mais] le barrage d'artillerie allemand,

Des obus tombent près d'un poste de secours avancé. [BAC PA 625]

Les decauvilles s'avéraient une véritable bénédiction lorsqu'il fallait amener des approvisionnements à l'avant et des blessés (ou des morts) à l'arrière. [BAC PA 1024]

étant dirigé vers la position ennemie, passa au-dessus du gros de l'infanterie britannique [c.-à-d. canadienne] sans lui faire de mal. En revanche, selon les déclarations de Hagemann, l'artillerie ennemie était guidée, tout au long de l'attaque, à partir d'avions d'observation lâchant des fusées Very. Par conséquent, le tir était très bien dirigé et, à mesure que l'attaque progressait, il frappait toujours juste un peu en avant de l'infanterie britannique. Ajouté au feu formidable des fusils et des mitrailleuses britanniques, il occasionna des pertes très lourdes chez les Allemands.

Des tirs d'artillerie mirent hors de combat, avec tous ses servants, la mitrailleuse voisine de Hagemann. Les occupants des lignes les plus avancées étant mis graduellement dans l'incapacité de combattre, l'adversaire arriva enfin à la première tranchée. Se déplaçant de cratère en cratère, nos hommes se replièrent sur la deuxième ligne, qui avait été inoccupée, et que quelques fusils, à peine, défendaient maintenant.

À la fin, Hagemann ne vit plus d'hommes indemnes autour de lui, et, ayant été blessé trois fois, son bras droit paralysé, il était devenu incapable de continuer à combattre.

Voguant au-dessus de la bataille dans son chasseur Spad (et gardant sans doute ouvert un œil fatigué à l'affût du Baron Rouge), le capitaine William Avery Bishop, MC*, conclut que « les hommes semblaient errer à travers le no man's land jusque dans les tranchées ennemies, comme si la bataille était pour eux une énorme corvée. Vu des airs, on aurait dit qu'ils ne se rendaient pas compte que c'était la guerre et qu'ils prenaient tout ça avec bien trop de calme ».

Peut-être aurait-il une impression différente s'il s'était trouvé au sol (les 7e et 8e Brigades, qui livrent l'attaque de la 3e Division, perdent chacune près de mille hommes, à peu près autant que les brigades de tête des 1re et 2e Divisions). Reste que, selon les critères de la Première Guerre mondiale, la bataille se déroule incroyablement bien. Les membres du *Princess Patricia's*, dont l'allégeance est passée, à la fin de 1915, de la 27e Division britannique à la 3e Division canadienne**, sortent du tunnel *Grange* au centre du front de la 7e Brigade et commencent à avancer. Les cornemuseurs du régiment accompagnent de leur musique les hommes qui montent à l'assaut, puis les suivent comme brancardiers.

---

* Il serait, à la fin de la guerre, le major Bishop, VC, DSO avec barrette, MC, DFC et Croix de guerre avec palme. On lui prêterait alors 72 victoires aériennes, qui le placeraient au deuxième rang des « as » de l'Empire britannique.

** À la formation du PPCLI, presque toutes les recrues étaient nées dans les Îles britanniques. Mais les pertes que le bataillon a subies ont été compensées par des Canadiens de naissance. La 27e Division avait reçu l'ordre de partir pour Salonique, et, « fait remarquable, on semble avoir laissé au régiment la décision » de passer à une autre formation britannique ou de se joindre à la 3e Division.

Les principaux objectifs de l'artillerie lourde étaient les positions de pièces de l'ennemi. On voit ici des canons allemands factices : de simples affûts sur lesquels un tronc d'arbre ou une branche simule un tube. À voir leur bon état, on est porté à croire qu'ils n'ont trompé personne. [BAC PA 1220]

« Pour vous, la guerre est terminée. » La plupart de ces prisonniers, qui traversent un village français dévasté, n'ont pas l'air malheureux. [BAC PA 1142]

Les hommes qui creusaient des fourneaux de mine sous les positions de l'ennemi avaient besoin d'air, qu'il fallait très souvent leur envoyer en le pompant à la main. [BAC PA 306]

Sur leur droite marche le *Royal Canadian Regiment (RCR)*, l'infanterie de la force permanente d'avant-guerre du Canada. En 1914, le *RCR*, au lieu de prendre sa place au sein du premier contingent, a été exilé aux Bermudes. Mais les pertes de la deuxième bataille d'Ypres, celles de Festubert et de Givenchy, l'ont amené lui aussi en France. Les *Royals* sont arrivés en Angleterre en septembre 1915. Ils ont franchi la Manche au début de novembre, et on les a affectés, à la fin de l'année, à la 3ᵉ Division en cours de formation.

Selon l'historien régimentaire des *Patricias*, ceux-ci découvrent bientôt que « le terrain est très difficile, mais la plupart des obstacles ayant toutefois pour origine la terrible efficacité des batteries de siège britanniques et canadiennes ». Il faut parfois nettoyer des emplacements de mitrailleuses à la grenade, mais « par un paradoxe déconcertant pour l'historien, un succès intégral (du moins dans le cas de petites unités) fait moins pour l'histoire qu'un échec ou une réussite partielle ». Quoi qu'il en soit, les *Patricias*, ayant pris leurs objectifs, subissent « un tir d'enfilade éreintant, et presque un feu de revers » en provenance de la cote 145, qui domine tout le front de la division. Pire encore est le tir d'artillerie allemand qui commence à s'abattre sur eux pendant l'après-midi. « La liste des tués et des blessés, qui, durant l'assaut, semble, par comparaison, si négligeable, s'accroît dans des proportions alarmantes ».

Dans ce secteur où les Canadiens sont partis bien plus près de la crête, celle-ci est plus abrupte, et son faîte plus étroit. Il n'est donc pas nécessaire de faire avancer une seconde vague d'infanterie qui poursuivrait l'attaque, ainsi qu'on l'a fait plus au sud. Les bataillons d'assaut de la 7ᵉ Brigade atteignent tous trois* leur objectif final, à l'orée du bois de la Folie, où ils consolident leur position. Le soldat William Breckinridge, du 42ᵉ Bataillon (*Royal Highlanders of Canada*), à gauche des *Patricias* et à l'extrême gauche du front de la brigade et de celui de la division, évoque le spectacle qui les attendait, lui et ses camarades, lorsqu'ils ont atteint le faîte. « Dans la vallée qui s'étendait à nos pieds, nous pouvions voir les Allemands replier leurs canons. Nous avons ouvert le feu sur eux avec nos mitrailleuses Lewis, mais ils étaient hors de portée, et notre tir fut sans effet ».

Ses camarades et lui-même auraient peut-être mieux fait de diriger leur attention vers la gauche. Là se trouve le seul secteur du front où les choses ne se déroulent pas tout à fait comme prévu.

LA 4ᵉ DIVISION

En vérité, il faudrait surmonter toutes sortes de difficultés pour se rendre maîtres de la cote 145, et une seule journée ne suffirait pas à la tâche. Avant de décrire certains des périls auxquels s'exposent les hommes de la 4ᵉ Division et quelques-unes des situations difficiles dont ils viennent à bout, nous pourrions peut-être observer par les yeux d'un ennemi la lutte pour cette hauteur. D'une sincérité indiscutable, le récit qu'on lira a pour auteur un simple soldat du 262ᵉ Régiment de réserve, un Berlinois du nom d'Otto Schröder, qui a passé la nuit en faction quelque part sur les pentes septentrionales du sommet (le lieu exact ne saurait, de nos jours, être établi avec

---

* En cette occasion, le quatrième bataillon (le 22ᵉ) avait été chargé de suivre l'avance pour procéder au nettoyage.

Des officiers allemands posent pour la postérité devant le profond abri souterrain qui, sur la crête de Limy, servit de QG à leur compagnie avant et durant la bataille.
[BAC C55256]

Un jeune soldat inspecte un emplacement fortifié allemand pris par les membres de la Compagnie D du 4ᵉ Bataillon du Corps expéditionnaire canadien. Les mots qu'ils ont tracés à la peinture sur le bouclier du canon témoignent de cette action.
[BAC PA 1076]

certitude). Il illustre à la perfection l'amalgame particulier de terreur et d'incongruité qui caractérise tous les champs de bataille.

Ce matin, fatigués et noirs, après notre faction nocturne, nous nous sommes étendus en prononçant ces mots : « Maintenant, tirons la couverture par-dessus notre tête et dormons ». Soudain, un feu roulant. Les sentinelles de jour s'écrient : « Dehors! Les Britanniques arrivent! »

...Pendant que je distribue les grenades à main, la fusillade a déjà commencé dans la tranchée. Les Anglais (il s'agit de troupes canadiennes) ont effectué une percée sur notre gauche, dans le secteur du 3e Régiment bavarois de réserve et, s'avançant à partir de la route, sont déjà en train de rabattre le flanc de notre position. Mon caporal me dit de descendre dans l'abri chercher la boîte qui contient les grenades ovoïdes... Seulement, à mon retour, alors que j'ai escaladé la moitié des trente-huit échelons, le caporal crie soudain : « Monte, les Britanniques ont déjà passé la tranchée sur la gauche ». Alors, je laisse retomber les grenades dans l'abri et je monte jusqu'à la tranchée...Je me rends compte que je suis seul... il n'y a qu'un camarade mort reposant sur le bord, dans une position grotesque,... j'ai oublié son nom.

Ensuite, je m'aventure au-delà du bord de la tranchée et, partout, à gauche, à droite et devant, je ne vois que des Britanniques, qui, sous leur « canotier » [c.-à-d. leur casque d'acier] ont l'air de chasser le lièvre. J'apprendrai plus tard qu'ils ont consommé beaucoup d'alcool.

Maintenant, je dois agir, mais que faire? Je tire le soldat mort dans la tranchée et je m'allonge à côté de lui, comme si j'étais mort, moi aussi. Pendant ce temps, les vagues d'assaut passent au-dessus de nous. Cette situation dure un bon bout de temps. Soudain apparaît un grand gaillard de Canadien qui, par curiosité, plante dans le cadavre de mon camarade la baïonnette fixée au canon de son fusil. Je passe alors le plus mauvais moment de mon existence. Je ne peux retenir un mouvement, et le Tommy* s'écrie : « Monte ici! »

Je grimpe donc en dehors du trou (en lançant un adieu muet à mon camarade mort). L'autre

---

* Autre synonyme de Canadien.

Après la bataille, ce ne fut pas une mince affaire que de hisser les canons au sommet de la crête. [BAC PA 1015]

On pose des rails au sommet de la crête afin de pouvoir y amener des munitions et de la nourriture. [BAC PA 1215]

Une fois la voie terminée, on transporte les munitions sur des tramways tirés par des mulets. [BAC PA 1135] pointe immédiatement sa baïonnette vers ma poitrine et s'exclame : « Toi blässiert, non? (« Tu es blessé? »]. Je ne comprends pas ce qu'il veut dire, alors je hausse les épaules. Tout à coup, aussi soudainement qu'il était arrivé, il disparaît.

Je suis de nouveau complètement seul. Je m'élance en courant dans la direction de la Giesslerhöhe [le Bourgeon], vers les positions du 261ᵉ Régiment. Au moment où je passe devant une fortification de campagne [tranchée ou abri], il en jaillit un Anglais qui me tire dessus, me blessant à l'avant-bras droit. Après quoi, alors que j'erre, blessé, mon copain Cordes sort tout à coup d'une cachette où il a réussi à se dissimuler sain et sauf. Quiconque n'a pas lui-même vécu un pareil moment ne saurait mesurer combien je suis heureux de rencontrer un bon camarade au milieu de tous ces ennemis.

Nous nous prenons par la main et nous courons sans but entre les morts qui, ici, ont été fauchés par des mitrailleuses. Il y a là nos propres soldats, mais aussi quelques Britanniques. Nous trouvons un abri souterrain, sur les marches duquel nous nous asseyons pour nous protéger des obus qui pleuvent sur la crête, car notre artillerie lourde a commencé à canonner celle-ci.

Maintenant, la grande question, c'est : « Où sommes-nous? Dans nos propres positions ou dans celles de l'ennemi? » Mon ami pense que nous nous trouvons derrière les lignes ennemies, et moi le contraire. Alors, je dis : « Restons tranquilles jusqu'à ce que notre division lance une contre-attaque, et alors, nous serons sauvés ».

Au beau milieu de cette discussion, une porte s'ouvre dans [l'entrée d'] un abri voisin, laissant passer un Canadien. Nous sommes étonnés de voir dans cet abri six Britanniques qui, semblant se soucier de la guerre comme d'une guigne, se distraient en jouant une partie de cartes au lieu de prendre part à l'assaut. Tout d'abord, ils ne nous accordent aucune attention et poursuivent leur partie. À la fin de celle-ci, un infirmier britannique s'approche et me dit : « Salut, Fritz, t'es blessé? » Après quoi, il me panse et me donne à boire et à manger.

Peu à peu, des membres de mon régiment font leur apparition en nombre croissant. Dès que j'ai regagné un peu de forces, l'Anglais me prend par la main et m'amène au poste de secours principal, où un médecin m'examine. Après quoi, un Tommy m'emmène au plus proche

Les Highlanders canadiens jouent les terrassiers pour construire une route sur le terrain défoncé par les obus. [BAC PA 686]

Le major-général Arthur Currie remet un drapeau régimentaire au 47e Bataillon. Pour quelle raison le commandant de la 1re Division peut-il bien remettre des drapeaux à une unité de la 4e Division? Parce que le 47e avait été levé en Colombie-Britannique, et que Currie était lui-même originaire de cette province. [MDN PMR 86-485]

village... On me conduit ensuite dans un grand camp, derrière le front, où je retrouve plusieurs camarades, dont l'ancien commandant de ma compagnie, le lieutenant Schultz.

LE POINT DE VUE CANADIEN : LA 12ᵉ BRIGADE

Otto Schröder a vraisemblablement affronté une partie de l'attaque de la 12ᵉ Brigade du brigadier-général James MacBrien, chargé de s'emparer des premières pentes du nord-ouest de la cote 145, en face du Bourgeon, et en contrebas de celui-ci. Toutefois, aux yeux des Canadiens, la lutte pour la cote 145 ne se déroule pas aussi bien que le récit de Schröder semble le laisser entendre.

Au début de l'attaque, le Bourgeon disparaît derrière la fumée et les gaz émis par l'artillerie canadienne et britannique, et la détonation de deux grosses mines sous les positions allemandes contribue encore à désorienter l'ennemi. « S'appuyant sur le barrage », le 73ᵉ Bataillon (*Royal Highlanders*) montréalais atteint la ligne Brune en moins de dix minutes, « ne rencontrant pratiquement aucune résistance » et ne subissant que des pertes très légères.

À 6 heures, « la consolidation battait son plein » et, au milieu de la matinée, les Montréalais ont déjà établi une puissante position défensive donnant sur l'autre versant d'une partie du col qui relie la cote 145 au Bourgeon. Rétrospectivement, on peut reconnaître qu'il aurait fallu leur ordonner d'avancer plus loin. Le « flanc ferme » qu'ils fournissent semble avoir été trop court, et peut-être aurait-on dû leur assigner comme objectif un accident de terrain situé au-delà du faîte, ou, à tout le moins, cet emplacement fortifié allemand qui se trouve à une courte distance devant eux, juste sur le flanc de l'infortuné 72ᵉ Bataillon.

Le 72ᵉ Bataillon (*Seaforth Highlanders*) de Vancouver est censé se rendre jusqu'à l'angle sud-ouest de Givenchy-en-Gohelle, de l'autre côté de la crête. Toutefois, pendant que les *Highlanders* progressent le long de la ligne Brune (ainsi qu'on peut le voir sur la carte, elle forme avec leur front un angle très prononcé), les choses commencent à aller mal. Le terrain devant eux, « une masse de trous d'obus remplis d'eau », est pire que celui qu'ils viennent de franchir. Ralentie par la boue, exposée aux tirs conjugués du Bourgeon, de la cote 145 et du poste fortifié qui faisait face au 73ᵉ, leur avance s'essouffle et, après quelques à-coups, finit par s'arrêter à une distance appréciable de l'objectif.

L'un des officiers subalternes, le lieutenant D. O. Vicars, opère un mouvement tournant par la gauche vers cet emplacement fortifié aux occupants si acharnés, en face de la position du 73ᵉ et, « avec les quelques hommes qui restaient de son peloton, attaqua un groupe de 50 ennemis... et les poussa jusque dans notre barrage, faisant prisonniers 8 d'entre eux et tuant bon nombre des autres. Ceux qui restaient s'enfuirent à travers champs vers Givenchy. » Cette initiative, qui vaut à Vicars d'être décoré de l'Ordre du Service distingué (la « Croix de Victoria du pauvre » lorsqu'elle est décernée à un officier subalterne), aurait pu ouvrir la voie au reste des *Seaforths*, leur permettant de reprendre leur avance, mais ils en sont tout simplement incapables, ayant subi de trop lourdes pertes. C'est à contrecœur que, à quelques trois cents mètres de Givenchy-en-Gohelle, les soldats de Vancouver, enlisés dans la boue et sous la menace d'un flanc gauche exposé, font halte, titubants, sur la ligne Noire.

Sur la droite du 72ᵉ, le 38ᵉ Bataillon (Ottawa), à mi-pente de la cote 145 (et, très probablement, en face des défenses allemandes où avait commencé la journée d'Otto Schröder), trouve tout aussi difficile de progresser. Le terrain défoncé que doivent franchir les attaquants lourdement chargés les empêche de bien suivre la cadence du barrage et « de nombreux hommes tombèrent, blessés, dans les trous d'obus inondés, où ils se noient ». Cinquante minutes à peine après le début de l'attaque, le bataillon signale avoir atteint tous ses objectifs, mais, en fait, trois grands cratères remplis d'ennemis avaient échappé à l'attention des compagnies d'assaut, qui les avaient contournés. De plus, ralentis par la boue, les soldats ont pris trop de retard sur le barrage et laissé à l'ennemi le temps de disposer des hommes dans les tranchées. On leur tire bientôt dessus de toutes les directions et leur bataille dégénère en échauffourées, très âpres et très féroces, sans lien entre elles.

Peu après 7 heures, le capitaine T. W. MacDowell, DSO, commandant la Compagnie A, participe à une série de tels combats.

La boue est vraiment terrible [rapporte-t-il au QG du bataillon], et nos mitrailleuses en sont remplies. J'ai environ 15 hommes tout près et je peux en voir d'autres aux alentours, que j'amène lentement ici. La Compagnie D pourrait-elle venir nous appuyer, si elle s'est arrêtée sur le front?

L'estafette portant votre message à la Compagnie A vient d'arriver et elle affirme ne pouvoir repérer aucun des officiers de cette compagnie. J'ignore où se trouvent mes propres officiers et mes hommes de troupe, mais je m'emploie à les réunir. Il n'y a pas un seul sous-officier, ici. Je dispose d'un mitrailleur, mais il a perdu le talon de percuteur de son arme, et celle-ci est couverte de boue. Les fusils sont aussi noyés dans la boue, mais les hommes sont en train de les nettoyer. Mes deux estafettes et moi-même avons atteint l'abri souterrain que j'avais choisi au préalable comme QG de ma compagnie. Nous y avons balancé quelques grenades, puis nous y sommes descendus.

Il se trouve à soixante-quinze pieds de profondeur et il est très grand. Après l'avoir exploré, nous en avons fait sortir 75 prisonniers et deux officiers. Je n'exagère pas : je les ai comptés moi-même. Nous avons dû les envoyer par groupes de 12, afin qu'ils ne voient pas à quel point nous ne sommes pas nombreux. J'ai peur que peu d'entre eux soient parvenus à l'arrière, car j'en ai surpris un à tirer sur un de nos hommes après s'être rendu. Il n'a pas fait de vieux os, et peut-être n'avons-nous pu en amener aucun à l'arrière, sauf quelques-uns qui étaient doués pour esquiver les balles, car les hommes les ont chassés dans cette direction à coups de fusil. L'abri est très grand; il pourra recevoir quelques centaines d'hommes...

Je ne saurais fournir une estimation de nos pertes, mais je crois qu'elles sont importantes. Je vous en ferai part dès que possible. Le secteur de tir fait 400 verges ou plus et, avec quelques mitrailleuses de brigade, on pourrait facilement contenir l'ennemi, car le terrain est presque infranchissable. Quel horrible gâchis. Il y a plein de Boches morts et ils ont manifestement bien tenu pied.

Sur notre gauche, je peux apercevoir des hommes du 72ᵉ. Le 78ᵉ nous a dépassés lorsque nous sommes arrivés ici. Le barrage était bon, mais les hommes ne l'ont pas serré d'assez près et sont restés en arrière...

MacDowell renforce sa position et produit trois autres comptes rendus au cours de la journée. À 10 h 30, il informe son commandant qu'il a :

...longé la ligne. L'abri que nous occupons se trouve au coin de CYPRUS et BABY. Pourvu de trois entrées bien éloignées les unes des autres, il peut facilement abriter, au bas mot, 250 hommes. Un tunnel descend vers nos lignes; je ne l'ai pas exploré... Il n'y a que 15 hommes avec nous, dont deux brancardiers. Les fusils ne sont que des amas de boue. J'ai deux mitrailleuses Lewis et... quatre chargeurs. Les deux mitrailleuses sont inutilisables à cause de la boue. Nous n'avons que très peu de grenades, car nous avons dû bombarder plusieurs abris.

Je n'ai pu découvrir aucune trace du 78ᵉ. Par contre, juste en face de nous, il y a deux mitrailleuses allemandes qui tirent sans arrêt. Les tireurs embusqués ne restent pas non plus inactifs, mais nous ne pouvons pas encore les localiser. Le terrain est pratiquement infranchissable. Des aviateurs ennemis nous ont survolés, et ils ont pu voir quelques-uns de mes hommes à l'entrée de l'abri, alors, maintenant, l'artillerie lourde nous tire dessus de la droite et de la gauche. Je ne dispose pas du moindre sous-officier, et, quoiqu'il me coûte de l'admettre, nous risquons, faute de trouver quelques soldats possédant des fusils utilisables, d'être refoulés. Trois des hommes sont blessés et, puisque c'est

Au cours de sa visite en France, en mars 1917, le Premier ministre sir Robert Borden inspecte le 85ᵉ Bataillon (Nova Scotia Highlanders), qui est commandé par son cousin. [BAC PA 871]

Le brigadier-général Victor Odlum, dont la 11ᵉ Brigade était censée prendre la cote 145 au cours de l'attaque initiale. [BAC PA 2117]

... ainsi, je peux aussi bien vous dire ce qui en est... Je peux constater, d'après le nombre de fusils plantés en terre, qu'il y a plein de blessés devant cet endroit*.

McDowell tient bon malgré tout (il recevra une Croix de Victoria pour la valeur et les qualités de chef dont il a fait preuve ce jour-là). Au milieu de l'après-midi, il propose poliment à son commandant d'« insister auprès de la brigade pour que des effectifs importants occupent cet endroit ».

... il y a un grand secteur de tir vers le nord et l'ouest, de même que vers l'est. Or, voyez-vous, cette caractéristique en fait une position d'appui très puissante pour notre flanc gauche, et je recommanderais fortement qu'on l'occupe avec des mitrailleuses de brigade. Il m'est impossible de trouver celles-ci, parce que je n'ai pas de sous-officier à qui confier l'endroit pendant que j'irais moi-même à leur recherche.

N'importe qui peut très bien venir s'installer ici. L'artillerie lourde de l'ennemi nous tire dessus sans arrêt... mais je n'ai aucune perte à déplorer depuis mon arrivée, si ce n'est qu'une grosse brute a failli me faire mourir de peur.

Je ne saurais trop vous décrire la force de cet emplacement et sa valeur comme puissante position d'appui pour le flanc gauche, par lequel [les Allemands] vont sans aucun doute lancer leur contre-attaque.

En fait, c'est sur la droite, au plus près du sommet, que les ennuis les plus graves se préparent. Ainsi que nous le verrons, la 11e Brigade, dont la tâche consiste à prendre le sommet et les hautes pentes méridionales, éprouve des difficultés. Il en va de même des Winnipegois du 78e Bataillon qui, ainsi que le signale MacDowell, ont « dépassé » sa position en allant se rendre maîtres de la deuxième position allemande, de l'autre côté de la crête. Ils ne sont pas nombreux à s'y rendre, et encore moins à en revenir. Le commandant de la brigade raconte :

Au cours de leur avance, ils ont subi des tirs très sévères de mitrailleuses sur les deux flancs, et d'autres venus de la tranchée BANFF. Même si on l'ignorait au début, on a constaté par la suite que des portions [du bataillon] ont atteint la tranchée CYCLIST et se sont immédiatement heurtées à une contre-attaque livrée, à partir des abris de l'arrière, par des forces au nombre écrasant... L'ennemi a évidemment eu le dessus dans cet affrontement local, lorsque, à 8 h 30 [juste après le premier compte rendu de MacDowell], environ 200 d'entre eux ont lancé une contre-attaque sur le premier objectif du 78e Bataillon...

Rien d'étonnant que le 78e ait disparu aux yeux du capitaine MacDowell, et on peut imaginer l'identité des blessés qui gisaient devant

---

* Au cours d'une avance, les troupes avaient coutume, lorsqu'elles passaient un homme blessé, de prendre son fusil (baïonnette au canon), et de le ficher en terre, crosse vers le haut, afin que celle-ci serve de repère aux brancardiers qui suivaient l'attaque.

lui. De plus, en refoulant les Winnipegois, l'ennemi peut demeurer jusqu'au début de la soirée dans ses trous d'obus de la pente avancée. Ainsi, les Allemands, qui sont encore maîtres du Bourgeon et du sommet de la cote 145, peuvent tirer sur les deux flancs vers les nouvelles positions de la 12ᵉ Brigade, en plus de le faire directement de face.

Les pertes de la brigade, à la fin de la bataille, comprendront, au total, 65 % de ceux de ses hommes « qui ont pris part à l'assaut proprement dit ». Le bataillon le plus durement touché est le 72ᵉ, intégralement exposé aux ennemis qui occupent le Bourgeon (76 %), et l'infortuné 78ᵉ, qui se fait tirer dessus de toutes parts. Mais ce sont les occupants de la cote 145 qui malmènent le plus impitoyablement les Winnipegois, parce que la 11ᵉ Brigade de Victor Odlum n'arrive pas à accomplir la tâche qui lui a été confiée.

LA 11ᵉ BRIGADE : « GUÈRE PLUS COMBATIFS QUE DES LAPINS... »

Au sein de la 11ᵉ Brigade, personne ne s'attend à se la couler douce. Bien que ses membres n'aient pas aussi loin à aller que les 1ʳᵉ, 2ᵉ et 3ᵉ Divisions, la pente qui les attend est des plus abruptes et, d'après les raids et la reconnaissance aérienne qui ont précédé, les défenses de l'ennemi, à cet endroit, sont manifestement les plus puissantes. Une force attaquante a d'abord quatre lignes de tranchées à prendre avant d'atteindre le sommet de la cote 145, et les Canadiens doivent s'emparer d'au moins deux autres lignes sur la contre-pente pour maîtriser toute la hauteur.

Le bombardement préliminaire a déjà criblé d'obus ces défenses, mais les abris de l'ennemi y sont particulièrement profonds et robustes.

De plus, sur ce terrain escarpé, véritable bourbier grêlé d'un nombre incroyable de cratères et d'entonnoirs, les « pauvres diables de fantassins » éprouvent les plus grandes difficultés à suivre le barrage. En conséquence, la plupart des défenseurs demeurent en sécurité, sous terre, jusqu'à l'arrivée des Canadiens. Ils peuvent alors jaillir à la surface à temps pour repousser ces derniers. Bref, chaque ligne de tranchées entraîne une bataille importante et des pertes considérables.

Le flanc droit, qui borde le front de la 3ᵉ Division, a été attribué au 102ᵉ Bataillon (Nord de la Colombie-Britannique). Montant à l'assaut « en formation parfaite », le 102ᵉ déclare avoir pris les deux premières lignes de tranchées à 6 heures, et la troisième vingt minutes plus tard. Il se retranche ensuite en prévision d'une contre-attaque. Celle-ci ne se matérialise pas, mais les occupants de la cote 145 soumettent le bataillon à un feu si intense et si opiniâtre que, vers 9 heures, tous les officiers ont été touchés. L'un des sergents-majors de compagnie prend toutefois le commandement, et les hommes du 102ᵉ tiennent bon.

Le 54ᵉ Bataillon (Kootenay) devait dépasser ses compatriotes de Colombie-Britannique et prendre le faîte immédiatement au sud de la cote 145, où il doit, lui aussi, se retrancher. Si quelques-uns de ses membres atteignent le sommet, le 54ᵉ, « se heurtant à une résistance opiniâtre... sur l'extrême gauche [le sommet de la hauteur] et à l'acharnement de tireurs embusqués derrière notre position », et s'inquiétant beaucoup des tentatives de l'ennemi qui visent « à contourner notre flanc gauche », se replie un peu vers le bas de la pente et rejoint le 102ᵉ, là où il s'est retranché.

Il n'y a pas d'autre repli à cet endroit, mais, ainsi que l'a observé l'officier des transmissions de la brigade, E. L. M. Burns, personne n'est plus tellement chaud pour reprendre l'avance. Voici ce qu'il raconte, à ce sujet, dans *General Mud* :

> *Quittant le boyau de communication dévasté, je retournai à l'ancienne ligne de front allemande, que j'avais quittée environ une heure plus tôt. J'y trouvai, assis sur leur derrière, huit ou dix hommes, parmi lesquels des membres de mon détachement et quelques fantassins, qui n'avaient pas la moindre idée de ce que leur réservait l'avenir immédiat, mais se réjouissaient, en somme, de cette sécurité relative. Ils étaient deux ou trois à avoir un fusil. Un caporal suppléant avec une mitrailleuse Lewis arriva sur ces entrefaites; son arme, couverte de boue, était inutilisable. Je lui dis de la nettoyer, attelai quelques-uns des hommes à la tâche de recueillir les grenades allemandes et postai une sentinelle.*
>
> *...Risquant un œil circonspect au-dessus du parapet, j'aperçus deux ou trois Allemands enfoncés jusqu'à la taille dans [une] tranchée... à 150 verges au plus. En les voyant se comporter comme à une chasse au garenne, tandis que les hommes qui m'entouraient ne se montraient eux-mêmes guère plus combatifs que des lapins, je sentis la colère me gagner. Je demandai à un soldat...qui restait là bouche bée, à quoi, selon lui, pouvait bien servir son fusil.*

Sur la droite, la progression est lente car, pendant un certain temps, une section du centre s'est pratiquement effondrée. Le 87e Bataillon (*Canadian Grenadier Guards*) appartient à la première vague mais, pour une raison ou une autre, le bombardement d'artillerie laisse intacte, devant lui, une section de tranchée ennemie d'à peine une centaine de mètres. Par la suite, la compagnie qui assaille cet endroit est pratiquement exterminée; au bout de six minutes à peine, « soixante pour cent de son effectif gisait mort sur le sol ». L'action s'engage plutôt mal, retardant les autres gardes, de sorte qu'ils se laissent distancer par le barrage et que ceux qui tentent de poursuivre l'avance se font abattre par des mitrailleurs allemands occupant des positions qui les mettent relativement à l'abri.

De plus, regrette leur historien régimentaire :

> *...les avantages de la pratique à l'aide des rubans ainsi que la connaissance approfondie des défenses et des rôles attribués aux pelotons et aux compagnies s'évanouirent complètement dans les dix premières minutes. Les tirs de mitrailleuses et de fusils étaient si intenses que la cohésion des compagnies, des pelotons et même des sections était irrémédiablement perdue : il arriva donc que les hommes qui, chacun pour soi, atteignaient les tranchées adverses se joignaient à des camarades de hasard pour poursuivre le combat.*

Les membres du 75e Bataillon (Mississauga), qui devait suivre le 87e, sont complètement désemparés par le spectacle qui s'offre à leurs yeux. Nombre d'entre eux ne sortent même pas de leurs tranchées; d'autres, qui avancent un peu, « s'éparpillent [sans] maintenir leur cohésion. Par la suite, on trouve des éléments [du bataillon] dans tout le secteur de la brigade ». À cause de la débâcle du 75e et de « la défection » du 87e (selon le 54e et le 102e Bataillons), les Allemands tiennent encore, dans la ligne canadienne, un renflement qui laisse exposé le flanc des deux bataillons de Colombie-Britannique et qui leur permet de tirer sur l'arrière de la 12e Brigade.

Les soldats restants du 87e se rachètent quelque peu au début de l'après-midi. Ayant rallié leurs hommes, les officiers survivants forment des équipes spéciales de grenadage qui éliminent l'un après l'autre les nids de mitrailleuses et les emplacements fortifiés qui ont empêché jusque-là leur avance. Selon la description du colonel commandant le 261e Régiment de réserve allemand, ils disparaissent « dans un voile de fumée et de vapeurs, pendant que la lueur fulgurante des grenades et des mines éclaire le champ de bataille ». Malgré tout, les *Grenadiers*, une force désormais usée, n'atteignent pas le sommet.

LE DERNIER EFFORT

Le moment est donc venu de faire donner les réserves : le 46e Bataillon (Sud de la Saskatchewan) et le 47e Bataillon (Colombie-Britannique) de la 10e Brigade, ainsi que le 85e (*Nova Scotia Highlanders*) de la 12e Brigade. Sur le front de la 10e Brigade :

> *Le 46e Bataillon... a pour objectifs les cratères 1, 2 et 3, et la prise de contact avec la 11e Brigade sur la droite...*

> *Cette avance se déroule magnifiquement bien. Aux environs du cratère n°3, on disperse près de 150 ennemis, en prenant une mitrailleuse et en faisant plusieurs prisonniers...*

> *Les pertes... au cours de cette avance sont légères, et la situation est entièrement démêlée.*

Exception faite de la boue, cette avance, pour les protagonistes, a presque été trop facile. Un soldat de la Compagnie B raconte :

> *Après avoir traversé un long tunnel, nous nous sommes déployés et nous avons avancé péniblement dans la boue, sans barrage d'appui, en essayant d'éviter de notre mieux les trous d'obus inondés. Nous avons affronté des tirs de mitrailleuses et, au-dessus de nos têtes, des shrapnels sporadiques, mais ma section a réussi à atteindre l'autre bord d'un gigantesque cratère qui était notre objectif... Nous avions une distance plus courte à franchir que certains de nos gars et, en regardant vers la droite, nous pouvions voir notre ligne de soldats qui s'avançait ainsi que des groupes d'Allemands qui battaient en retraite, bondissant rapidement d'un trou d'obus à l'autre. Nous avons ouvert sur eux un feu nourri.*

Le 47e Bataillon conquiert aussi un peu de terrain, mais son succès dépend des résultats obtenus par le 85e (*Nova Scotia Highlanders*). Aux beaux jours de Sam Hughes, on avait recruté le 85ᵉ et on l'avait envoyé en Angleterre dans l'intention de l'intégrer à une brigade de *Highlanders* canadiens. Toutefois, à la suite des lourdes pertes subies sur la Somme, on avait dissous trois des quatre bataillons concernés pour fournir des renforts aux autres bataillons déjà en campagne. Le 85ᵉ est le seul à avoir été épargné, peut-être parce qu'il a pour commandant le lieutenant-colonel A. H. Borden, cousin du Premier ministre.

Au printemps de 1917, on envoie les *Highlanders* intacts en France, dans l'intention de leur faire remplacer un jour le 73ᵉ Bataillon au sein de la 12ᵉ Brigade de la 4ᵉ Division*. Cependant, lorsqu'on projette l'attaque (et même lorsqu'on la lance), ces nouveaux venus sont encore loin d'avoir reçu un entraînement complet et personne, au sein du Corps d'armée, ne considère le 85ᵉ comme une unité tactique. À Vimy, il devait servir de bataillon de pionniers, affecté aux fonctions nécessaires de « terrassiers », ainsi qu'au transport vers l'avant des munitions et autres approvisionnements, afin d'épargner de telles corvées aux troupes combattantes. (C'est l'une des leçons qu'Arthur Currie avait tirées de Verdun.)

Maintenant que les attaques sur la cote 145 n'ont cessé d'achopper, on donne l'ordre aux hommes inéprouvés du 85ᵉ de déposer leur bêche et de décrocher leur fusil. L'heure zéro de leur assaut, sur la pente supérieure du versant nord-ouest de la cote 145, est fixée à 18 heures.

On avait organisé un bombardement d'artillerie, premier et dernier recours, en toute situation, des commandants de la Première Guerre mondiale. Au dernier moment, toutefois, voyant combien sa ligne de départ est proche des positions allemandes, Borden (qui, avec sagesse, ne fait pas entièrement confiance aux artilleurs!) le contremande. Malheureusement, la nouvelle de l'annulation ne parvient pas aux deux compagnies d'assaut, qui sont donc bouleversées et consternées lorsque, à la seconde dite, règne le plus profond silence.

Les hommes attaquent néanmoins, tirant à mesure qu'ils avancent et, vers dix-neuf heures, ils se sont emparés d'au moins une partie du sommet plat. À certains endroits, il s'en trouve même pour franchir la ligne qui les sépare de l'autre versant... lorsque ce n'est pas de l'autre monde. Quand le combat est terminé, cinquante-six membres du 85ᵉ ont été tués net, et presque trois cents blessés, « dont beaucoup périrent par la suite* », ce qui porte le total des pertes à près de 50 %. À la fin de la journée, malgré l'appui que des hommes du 75ᵉ et du 87ᵉ Bataillons finissent par apporter au 85ᵉ, et en dépit des efforts du 46ᵉ et du 47ᵉ sur les flancs de ce dernier, la cote 145 n'a toujours pas été purgée de l'ennemi.

Le lendemain matin, le brigadier-général Odlum sait sans aucun doute que sa mission n'est pas terminée lorsque, de très bonne heure, il se rend à ses avant-postes. « En arrivant au sommet... je pus voir que nous ne l'avions pas franchi, et que l'ennemi y était enfoncé dans notre ligne. Il y avait encore des Allemands là-haut... »

---

* Comme il y avait, sur le front, sept bataillons recrutés essentiellement dans la région de Montréal, le ministère de la Milice avait décidé que la représentation montréalaise était dangereusement excessive au sein du Corps d'armée canadien et qu'il faudrait dissoudre deux bataillons levés dans la ville, le 60ᵉ et le 73ᵉ.

* En l'absence d'antibiotiques et de techniques chirurgicales perfectionnées, la proportion des blessés de la Première Guerre mondiale qui devaient succomber à leurs blessures fut bien supérieure à celle qui prévalut parmi les blessés de la Deuxième Guerre mondiale et des conflits ultérieurs.

CHAPITRE IV

CHAPITRE IV

LA FIN DE LA BATAILLE

Le lundi de Pâques, à 18 heures, un bataillon de réserve de l'infanterie bavaroise reçoit l'ordre de reprendre le sommet de la cote 145, mais il est minuit quand il atteint sa ligne de départ, sur le Bourgeon. Lorsqu'il s'ébranle, les soldats sont nombreux à s'égarer, soit accidentellement, soit de propos délibéré. D'autres s'avèrent incapables d'avancer dans la boue ou de conserver même un semblant de cohésion. Quelques-uns, ayant perdu leurs bottes dans ce bourbier, reviennent au Bourgeon en chaussettes, voire pieds nus. Une seule mitrailleuse suffit à disperser ceux, peu nombreux, qui finissent par franchir le col et à s'approcher des avant-postes canadiens. Une deuxième attaque, juste avant l'aube, n'a pas plus de succès.

Si les Allemands ne peuvent reconquérir le terrain qu'ils ont perdu, les Canadiens, pour leur part, sont tout aussi incapables, le 9 avril, de compléter leur victoire, n'ayant pu s'emparer de toutes les hautes pentes entourant le sommet. Ils semblent, par endroits, avoir franchi le faîte (qui est plutôt aplati), mais ils n'ont assurément pas réalisé leur objectif consistant à se rendre entièrement maîtres du versant oriental, qui plonge vers le bois de la Folie. Toute la nuit, et durant les petites heures du 10, l'artillerie dirige son tir sur les positions allemandes de ce secteur et sur les voies probables de ravitaillement et de renfort utilisées par l'ennemi.

LA COTE 145 : LA DEUXIÈME TENTATIVE

Le général Watson avait affecté sa brigade de réserve à l'assaut et à la prise du Bourgeon, qui devaient avoir lieu le 10 au matin. Cependant, cette opération doit désormais attendre, Watson ordonnant à la brigade de terminer la conquête de la cote 145. Le 44ᵉ Bataillon (Manitoba) et le 50ᵉ (Calgary) sont envoyés ensemble à l'avant, le premier sur la droite. Toutefois, pour qu'ils puissent lancer une attaque, il faut d'abord organiser un barrage d'accompagnement, dont la vitesse de progression doit être coordonnée avec celle des fantassins. Tous les intéressés doivent donc se mettre d'accord sur le minutage de l'opération.

Tout est prêt au milieu de l'après-midi. Le Bourgeon est de nouveau couvert de fumée et de gaz qui donnent certains résultats, mais demeurent insuffisants pour dissimuler entièrement l'attaque ou neutraliser les défenseurs. Le 44ᵉ Bataillon, sur la droite, est masqué dans une certaine mesure par le sommet, et le feu venant de cette direction ne le dérange pas beaucoup.

Un barrage magnifique a surgi, et nous avons regardé à gauche, où nous avons vu le 50ᵉ... se lancer à l'assaut exactement comme le prescrit le manuel. Il ne s'était pas écoulé une demi-heure que mon commandant arrivait en courant pour me dire : « Écoute, il faut

*qu'on franchisse ce sommet-là ».
Je lui ai répondu : « Quand ça? »
Il a riposté : « Tout de suite ».
Eh bien, on y est allés... tout
de suite...*

*Nous nous sommes élancés
en bondissant d'un trou d'obus
à l'autre. Une vraie partie de
saute-mouton. Enfin, nous sommes
arrivés en bas de la crête [c.-à-d.
du versant oriental] sans avoir
rencontré la moindre résistance.
En revanche, nous sommes
tombés sur un tas d'abris
souterrains, à flanc de colline,
où il y avait tous ces Allemands.
Ils semblaient croire que la
bataille était terminée, car ils
se contentaient tous de demeurer
assis à l'entrée de leur abri. J'ai
lâché quelques coups de pistolets,
ce qui les a réveillés, et ils sont
sortis les mains en l'air, tout
disposés à laisser tomber. Ce
n'était pas encore fini, pourtant.
Très bientôt, les Allemands qui
étaient passés en terrain plat ont
commencé à nous tirer dessus,
et ils ont touché quelques-uns
d'entre nous, car nous n'avions
pas grand-chose pour nous
abriter; nous étions alors sur la
pente descendante. Nous avons
tout de même tenu le coup,
puis, cette nuit-là, nous avons
été relevés [par le 47ᵉ] et
nous sommes partis vers le
bas du BOURGEON pour
notre prochaine prestation...*

Le 50ᵉ, davantage exposé aux coups de feu venus du Bourgeon, éprouve beaucoup plus de difficultés. Les mitrailleuses allemandes, servies avec plus de bravoure et de détermination que jamais, balaient le bataillon, y causant de lourdes pertes. De plus, les combattants sont dispersés, puisqu'il leur faut avancer entre les vestiges de barbelés et d'emplacements de mitrailleuses en béton qui ont été touchés. D'autre part, la lutte incessante contre la boue fatigue rapidement les hommes. Il ne faut donc pas s'étonner si ceux de la Compagnie A sont incapables de se rendre maîtres de tel avant-poste particulièrement coriace. La Compagnie B étant arrivée en renfort, on organise une nouvelle attaque. Encore une fois, les Canadiens sont arrêtés net.

C'est alors que John George Pattison, un Calgarien d'origine britannique âgé de 42 ans, ingénieur lorsqu'il était civil (et dont un fils sert déjà dans le Corps expéditionnaire canadien), mérite la deuxième Croix de Victoria obtenue à Vimy par la 4ᵉ Division.

*Il s'avança seul vers
l'emplacement de mitrailleuses
par une série de petits
déplacements ultrarapides.
Entre deux mouvements, il
s'abritait, pour décider du
prochain, dans les trous
d'obus ouverts sur son chemin.
En quelques instants, il eut
atteint un entonnoir situé à
moins de trente verges de
l'emplacement fortifié vital.
Il se redressa alors en plein*

Au sommet de la crête, des shrapnels éclatent au-dessus des Canadiens en train de consolider leurs positions nouvellement conquises. [BAC PA 1131]

Un nid de mitrailleuses en béton, semblable à celui qu'élimina à lui tout seul John Pattison, VC. [BAC PA 882]

sous les yeux des mitrailleurs et, pendant que ceux-ci lui tiraient dessus à bout portant, leur lança trois grenades avec une précision telle que les mitrailleuses furent mises hors de combat et leurs servants temporairement démoralisés.

Pattison tenait sa chance; il s'en empara sans hésitation. Lorsque sa dernière grenade explosa au milieu des Allemands, il couvrit à toute vitesse l'espace qui le séparait d'eux, et, l'instant d'après, embrochait sur sa baïonnette les infortunés ennemis. Il les eut tous tués avant que ses compagnons ne le rattrapent.

Lorsque toute la planification a été réalisée à la perfection et qu'on a réglé tous les petits détails, le succès (ou l'échec) d'une bataille dépend souvent des actions d'un seul homme ou, peut-être, d'un groupe d'une demi-douzaine d'hommes. Ainsi, la poussée solitaire de Pattison a dénoué l'impasse des pentes nord de la cote 145 et, en moins d'une demi-heure, les Canadiens ont enlevé leurs objectifs. Pattison apprendra par la suite qu'il a été recommandé pour une Croix de Victoria qu'il n'aura jamais le privilège de porter. En effet, deux mois plus tard, il est tué au combat devant Lens*.

Puisque la 10ᵉ Brigade se trouve sur la ligne Brune au-delà de la cote 145, la bataille de la crête de Vimy est terminée. Dominée par l'ennemi, la plaine qui s'étend au pied de la crête est devenue parfaitement impossible à défendre. Les Allemands commencent donc à se replier sur des positions situées à trois ou quatre kilomètres de là. Sur le versant occidental, contre-pente de leurs nouvelles positions, sur ce terrain que l'armée allemande a défendu depuis plus de deux ans contre tous les attaquants, des milliers d'hommes se mettent bientôt à jouer les terrassiers. Ils construisent des routes de planches à travers la boue, afin que l'artillerie, les munitions, l'eau, les repas chauds et tout l'attirail dont l'infanterie s'est allégée avant le début de l'attaque, puissent être amenés en parfaite sécurité jusqu'à des emplacements situés immédiatement derrière la crête (vue de la plaine de Douai).

LA PRISE DU BOURGEON, « AU PREMIER STADE DE L'ATTAQUE, N'EST PAS ESSENTIELLE... »

Il reste encore à régler la question du Bourgeon. À l'origine, les plans de la 1ʳᵉ Armée ont prévu que le 1ᵉʳ Corps d'armée (britannique) s'en emparerait en même temps que le Corps d'armée canadien attaquerait la crête proprement dite. Mais, les Britanniques ayant soutenu qu'ils ne disposaient pas des effectifs nécessaires à cette tâche, la responsabilité de cette prise est donc passée aux

---

* Son fils, incorporé peu après au 44ᵉ Bataillon, semble avoir reçu de son commandant la permission de porter sur la poitrine, du côté droit (au lieu du côté gauche réglementaire), le ruban de la médaille de son père. Les règlements royaux n'ont jamais autorisé un fils à porter, en uniforme, les médailles de son père. Pourtant, il n'est pas rare de rencontrer des Canadiens qui, sur la foi du cas de Pattison, auquel on fit, à l'époque, une abondante publicité, croient, à tort, que cette pratique est (ou a été) permise.

« Des milliers d'hommes se mirent bientôt à jouer les terrassiers. » [MDN O-808]

Construction d'une route de planches dans la boue. [BAC PA 1226]

Canadiens, plus précisément à la 4e Division. Dans le débat, Sir Henry Horne avait alors assuré à Byng et à Watson que, puisque « la prise du BOURGEON... au premier stade de l'attaque, n'était pas essentielle au succès des opérations menées plus au sud », où la cote 145 dominait le champ de bataille, on pouvait l'oublier sans danger jusqu'à ce qu'on ait pris le reste de la crête.

Cette attitude n'avait pas été au goût du général Watson qui avait probablement jugé que ses effectifs étaient déjà employés à l'extrême limite de leur capacité, tout comme ceux de ses voisins britanniques. De plus, bien que Horne ait théoriquement eu raison quant à la relation entre le Bourgeon et la cote 145, Watson avait la certitude que, tant que l'ennemi tiendrait le premier (en dépit des écrans de fumée et des tentatives de neutralisation par les gaz), certains de ses hommes assaillant la cote seraient soumis à un tir d'enfilade nourri. La suppression, par l'artillerie seule, d'une position aussi puissante et bien développée n'était pas une opération de guerre praticable.

Watson n'y est pas allé par quatre chemins pour exprimer son mécontentement à ses supérieurs. Tout ce qu'il a obtenu, de cette façon, fut l'assurance que l'artillerie ferait tout son possible pour neutraliser le Bourgeon, tâche dont elle s'acquittera effectivement durant la bataille. Malgré cette intervention, le succès du 9 avril n'a pas été complet, en partie, probablement, à cause des tirs venus du Bourgeon. En fait, une proportion appréciable des pertes subies le 10, pendant qu'on parachevait la conquête de la cote 145, ont peut-être aussi eu la même origine.

Si on s'était tout simplement abstenu de s'occuper du Bourgeon, l'ennemi l'aurait vraisemblablement abandonné tôt ou tard car, tant que les Canadiens tenaient le sommet plus élevé de la cote 145, son occupation ne pouvait que coûter très cher en vies allemandes. Même si la garnison avait creusé de profondes tranchées et des abris bien protégés, la relève et le ravitaillement auraient représenté une entreprise coûteuse, incompatible avec la nouvelle doctrine défensive qui préconisait l'économie des vies humaines.

Quoi qu'il en soit, ce n'est pas ainsi que les choses se passent. Apparemment, ni Byng ni Watson ne discutent l'ordre reçu de prendre le Bourgeon. Peut-être estiment-ils que, à brève échéance, celui-ci pourrait manifestement servir aux Allemands de point de départ pour tenter de reprendre la cote 145, une entreprise que l'ennemi semblait encore désireux de réaliser. En fait, pendant l'accalmie du 11 avril, le commandant allemand a expédié sur le mamelon une formation d'élite fraîche, spécialiste de la contre-attaque : le 5e Régiment de grenadiers de la 4e Division prussienne de la garde. Ce sont là les troupes que les Canadiens affronteront dans le cadre de l'assaut du Bourgeon.

Au cours de la phase préparatoire de l'opération de Vimy, les 44e et 50e Bataillons avaient été entraînés précisément en vue d'une telle attaque. Dans la pratique, il a été nécessaire, ainsi que nous venons de le voir, de les détourner de cette mission afin d'achever la conquête de la cote 145. Or, cette lutte, l'après-midi du 10, a coûté aux deux bataillons, et tout particulièrement

Le major-général David Watson, l'officier de la milice du temps de paix qui commanda la 4ᵉ Division pendant la guerre. [BAC PA 2116]

Tranchées allemandes abandonnées. [BAC PA 1150]

Une position de pièce ennemie détruite par le bombardement d'artillerie. [BAC PA 992]

au 50e, un nombre considérable de combattants. Malgré tout, ces deux unités restent encore les mieux qualifiées pour livrer un assaut sur leurs objectifs initiaux, ce qu'elles reçoivent l'ordre de faire. Afin de compenser leurs pertes précédentes sur la cote 145, on leur adjoint deux compagnies du 46e Bataillon (Sud de la Saskatchewan) et on leur affecte le 47e Bataillon (Colombie-Britannique) comme réserve.

L'attaque sera lancée le 12 à 5 heures, dans l'obscurité qui précède l'aube, sur un front de neuf cents mètres. L'appui qu'elle recevra de l'artillerie et des pièces de campagne sera proportionnellement supérieur à celui du 9. Étant revenus aux points de rassemblement qui avaient été prévus à l'origine, le 44e et le 50e livreront essentiellement l'attaque qu'ils ont répétée auparavant, tandis que les deux compagnies supplémentaires du 46e Bataillon protègeront leur flanc gauche, c'est-à-dire, en fait, l'extrême gauche du front du Corps d'armée canadien qui sera avancé par rapport au reste du front allié durant et après la bataille.

Les deux bataillons disposent maintenant d'un avantage qui leur aurait fait défaut si l'attaque du Bourgeon avait été synchronisée avec celle de la cote 145. En effet, situé à vingt-cinq mètres en contrebas de celle-ci, leur objectif est maintenant dominé par les Canadiens retranchés sur la face nord du sommet, qui sont bien placés pour arroser de leurs fusils et de leurs mitrailleuses la plus grande partie de la surface du mamelon. Malheureusement, dans le cadre de l'assaut imminent, cet avantage ne pèsera pas lourd, car les Allemands ne seront exposés au feu que dans une certaine mesure. Les emplacements fortifiés du Bourgeon bénéficient en effet de défenses en surplomb (parfois bétonnées) et ses retranchements offrent une certaine protection dans presque toutes les directions. Pour atteindre l'ennemi, les attaquants devront, après une journée complète de repos, de ravitaillement et de regroupement, franchir un espace découvert qui s'élève en douceur au pied du mamelon, puis, pied à pied, escalader péniblement, tout en combattant, ses pentes plus abruptes et bien gardées.

Le barrage de couverture de l'infanterie ne commencera qu'à 5 heures mais, durant la nuit, une grande partie des batteries lourdes et moyennes du corps d'armée, auxquelles les Britanniques apportent leur appui sur la gauche, pilonnent le Bourgeon ainsi que les boyaux de communication de l'ennemi entourant Givenchy.

Le soldat William Kentner, du 46e Bataillon, se rappelle avoir été « réveillé vers deux heures, pour recevoir une soupe chaude et quelques biscuits* ».

Nous sommes ensuite sortis à la file dans l'ordre où nous allions « sauter le toboggan » [c.-à-d. monter à l'assaut]. On nous a distribué des bêches et des pioches, que nous transportions sur notre dos, enfoncées à l'arrière de notre « barda ». La nuit était froide; un amas de nuages

---

* Plusieurs historiens laissent entendre que les hommes montant à l'assaut étaient souvent à moitié ivres. En fait, la distribution de rhum aux troupes semble avoir été liée aux préjugés personnels des commandants.

Au sommet de la crête, des mitrailleurs canadiens se préparent à repousser d'éventuelles contre-attaques allemandes. [BAC PA 1079]

« Les Canadiens pouvaient voir toute la plaine de Douai à leurs pieds ». On aperçoit, au premier plan, Givenchy-en-Gobelle, et on distingue, dans le lointain, le profil de Lens, avec ses mines et ses usines. [MDN O-1830]

traversait rapidement le ciel et la lune luisait parfois à travers une échappée. Les tirs d'artillerie s'étaient apaisés, ais on pouvait encore entendre parfois l'explosion fracassante d'un obus de mortier allemand ou le grondement sourd de nos « gros calibres ».

Les tranchées étaient si défoncées que nous avons dû marcher à côté... C'était un rude boulot que de se frayer un chemin dans l'eau et la boue. Tout à coup, l'ennemi nous a repérés! Hop! il lance ses fusées éclairantes, qui illuminent tout autour de nous. Ses fusils et ses mitrailleuses ouvrent le feu, et son tir soutenu, heureusement mal dirigé, nous oblige à nous ettre à couvert dans le bourbier es trous d'obus.

Selon les historiens officiels britanniques, « un tir nourri de mitrailleuses et de fusils balaya le no man's land » à 4 heures, mais « il passa bien au-dessus des tranchées ». Quelle différence entre la vision du fantassin tremblant de l'époque et celle de l'historien distingué, assis à son bureau, des années plus tard. Quoi qu'il en soit, à 4 h 15, « toutes les troupes étaient en position ».

Tout comme le 9, le temps est exceptionnellement maussade pour un mois d'avril, mais cette particularité jouera à nouveau en faveur des Canadiens. Encore une fois, également, le récit sans prétention de Kentner nous fait vivre l'événement avec plus d'acuité que la prose châtiée de l'historien.

Là-haut, les nuages s'étaient amoncelés, et la neige nous tombait dessus. Pendant une demi-heure, nous sommes restés là à trembler, étendus dans l'eau ou la boue, mais cette attente a apaisé les craintes de l'ennemi. Les conditions étant bientôt revenues à la normale, nous avons pu nous extraire de nos abris humides et repoussants pour gagner nos positions de départ.

À 4 h 50, le barrage s'intensifie, tous les canons de siège et les obusiers lourds des deux corps d'armée entrent en action. Dix minutes plus tard, les pièces de campagne se mettent de la partie.

Au moment précis où le jour commençait de se lever, nous avons entendu le crépitement de nombreuses mitrailleuses et le sifflement de milliers de balles au-dessus de nos têtes... Nous nous sommes immédiatement élancés vers cette muraille d'explosions fracassantes que formait notre barrage sur le front de l'ennemi. Presque au même moment, la tempête de neige a gagné en intensité. D'énormes flocons de neige s'abattaient sur nous, frappant aussi l'ennemi en plein visage.

Nous nous étions à peine mis en marche que nous avons commencé à perdre des hommes. Un premier tombe sur ma droite; un deuxième s'effondre juste à ma gauche; à trois

« Là où le revêtement existait encore, une épaisse couche de boue rétrécissait la chaussée et empêchait l'écoulement des eaux... ». On essaie d'amener à l'avant un autocanon antiaérien. [BAC PA 1095]

Le 13 avril 1917, des Canadiens jubilants s'en vont prendre du repos après la bataille. [BAC PA 1267]

pas à peine, un autre pousse un cri effrayant avant de s'étaler dans la boue. En approchant du front de l'ennemi, nous sommes accueillis par des grenades à manche, qui font leur effet, mais ne nous arrêtent pas pour autant. Encore un moment, et nous sommes devant le front. Dans une tranchée, quatre Allemands occupent la niche où j'ai bondi... morts tous les quatre.

La neige et la pluie mêlées que le vent souffle au visage des Allemands aveuglent effectivement bon nombre d'entre eux, tout comme elles l'ont fait le 9 avril. C'est le seul élément imprévu de l'opération mais, en son absence, les attaquants auraient bien pu se faire décimer partout où ils ont pris du retard sur le barrage. Quoique les hommes des deux compagnies du 46e n'aient pas traîné en chemin, le nombre des victimes, à la fin de la journée, ne s'y élève pas moins à 108, soit à peu près la moitié de leur effectif.

Le 50e Bataillon, au milieu, est en place à 4 h 15 et monte à l'assaut quarante-cinq minutes plus tard. Il essaie désespérément de « s'appuyer » sur son barrage, mais la boue, où les hommes enfoncent jusqu'aux genoux, voire davantage en certains endroits, nuit terriblement à leur progression. Cette pénible avance, dans la noirceur et sous le feu, tient du cauchemar, mais, à 5 h 45, les compagnies de tête du 50e ont atteint leurs objectifs sans avoir subi plus que des « pertes modestes ». Le lieutenant-colonel L. F. Page rend compte par la suite, sans émotion particulière, que « quinze prisonniers ont été envoyés vers l'arrière, mais quatre seulement ont atteint nos lignes ». Il ajoute, faisant preuve d'un enthousiasme plus sensible : « Je ne saurais trop louer tous les hommes, quel que soit leur grade, qui ont combattu sous mon commandement au cours de cette opération. Leur énergie, leur courage, leur bonne humeur et leur endurance dans les conditions les plus éprouvantes furent extraordinaires ».

À 7 h 30, le 50e consolide des positions particulièrement avancées, ayant traversé la plus grande partie du bois de Givenchy, « ce qui était heureux, car l'ennemi obtint la distance de nos tranchées [c.-à-d. des tranchées allemandes qu'ils étaient censés occuper] avec une grande précision et y fit pleuvoir un tir nourri d'obus » durant plus de deux heures. Toutefois, la violente contre-attaque attendue toute la journée ne vient pas, et, à la tombée de la nuit, une compagnie du 102e (Nord de la Colombie-Britannique) se porte à l'avant pour renforcer la ligne.

Entre-temps, le 44e Bataillon se trouve sur le flanc droit, le plus rapproché de Vimy, et c'est à lui qu'on demande de prendre le Bourgeon proprement dit. Le terrain est difficile là aussi, réduisant la vitesse de l'attaque à environ vingt mètres par minute (à peine les deux tiers de la vitesse de son barrage « d'accompagnement »). Pourtant, rend compte le commandant du bataillon, « l'avance s'effectua malgré tout à un rythme régulier, et le nettoyage fut minutieux ». La Compagnie D, à droite, ne rencontre aucune troupe ennemie sur la première ligne de défenses, mais la « ligne suivante s'avéra remplie d'hommes. Après avoir un peu combattu, on y fit plus de cinquante prisonniers ».

Même sur les champs de bataille, le printemps finit par arriver. Un officier canadien prend quelques instants pour cueillir des fleurs (il ne s'agit pas, en l'occurrence, de coquelicots), qui poussent à profusion entre les barbelés. [MDN O-597]

Le roi George V, en compagnie des généraux Horne et Currie, examine le champ de bataille de Vimy. On observera avec intérêt que Currie, le plus grand des trois, choisit de marcher sur le caillebotis, tandis que le roi préférait ne pas quitter le sol et que Horne l'imitait respectueusement. [BAC PA 1502]

À l'instar des Calgariens, les Manitobains poursuivent leur avance au-delà des objectifs qui leur ont été assignés (un soldat dépasse le sien d'une centaine de mètres, parce que, « dans la neige et la pluie mélangées, on ne pouvait rien distinguer ») jusqu'à un point où ils trouvent de meilleures positions à partir desquelles consolider leurs gains. Toutefois, estimant que leur flanc droit est exposé (des éléments du 73e Bataillon de la 12e Brigade — qui sera bientôt dissous — se sont bel et bien repliés afin, a-t-on soutenu, d'offrir au 44e « un champ de progression dégagé »), ils envoient des détachements en reconnaissance, ce qui entraîne la mort d'un officier et la capture d'un autre.

« TOUTE LA PLAINE DE DOUAI EST AUX PIEDS DES CANADIENS »

Au milieu de l'après-midi du 12 avril, le soleil brille après la tempête et les Canadiens installés sur le Bourgeon peuvent apercevoir les terres intactes vers le nord et l'est.

Sur le faîte, les Canadiens pouvaient voir toute la plaine de Douai à leurs pieds. Ils pouvaient y contempler des villages d'aspect paisible, nichés dans de vertes forêts, des villes prospères se détachant sur l'horizon lointain, de hautes cheminées vomissant des nuages de fumée et des voies ferrées sur lesquelles roulaient encore des trains. Des routes grouillantes d'activité sillonnaient la plaine fertile.

Il leur aurait été agréable, assurément, de pouvoir moissonner jusqu'au bout les lauriers de la victoire, en profitant du désarroi relatif de l'ennemi pour continuer leur avance. Malheureusement, ils sont alors passablement fourbus, peut-être autant, sinon davantage, sur le plan émotionnel que physique. Il ne faut pas non plus perdre de vue qu'il n'y a pas de réserves canadiennes.

De plus, il va sans dire qu'on ne pouvait rien envisager de tel qu'une poursuite, ni quelqu'autre opération d'envergure, tant qu'il demeurerait impossible de faire franchir à l'artillerie et aux munitions le champ de bataille défoncé par les obus. Les routes d'avant-guerre étaient les seules praticables; or, des mois de bombardement les avaient partiellement détruites. Par endroits, on avait fait exploser dessous des mines qui y avaient creusé de grands cratères gorgés d'eau. Là où le revêtement existait encore, une épaisse couche de boue rétrécissait la chaussée et empêchait l'écoulement des eaux, de sorte que de longues sections de route étaient impossibles à distinguer du terrain environnant.

Le terrain découvert lui-même était infranchissable. Les vestiges des réseaux de barbelés, les cratères d'obus et les tranchées défoncées empêchaient tout déplacement, sauf à pied, et même les mulets de bât, qui apportaient à l'avant la plupart des approvisionnements destinés aux bataillons du front, devaient emprunter les chaussées. Bien qu'on eût immédiatement attelé plus de cinq mille hommes à la tâche de reconstruire et de réparer ces voies de communication routières vitales, il faudrait quelques jours pour permettre à celles-ci de supporter une circulation importante.

C'est sur cette note que prend fin la bataille de la crête de Vimy. Le total des pertes canadiennes s'élève à un peu plus de dix mille cinq cents hommes, dont trois mille cinq cents ont été tués ou ont succombé à leurs blessures. On n'a pas établi le chiffre des pertes allemandes mais, augmentées des quatre mille hommes faits prisonniers, elles sont probablement très semblables au chiffre canadien. Sous forme de pourcentage des effectifs ayant participé à la bataille, elles sont sans doute beaucoup plus élevées.

ATTAQUES FRANÇAISES ET BRITANNIQUES

Au pied de la crête, Von Falkenhausen, ayant irrémédiablement perdu toutes ses positions de Vimy, replie les vestiges désorganisés de ses divisions. Les Canadiens suivent le mouvement sans se hâter (ainsi que nous l'avons observé, il leur est impossible d'agir autrement) jusqu'à la ligne Avion-Méricourt-Oppy, quelques kilomètres avant les positions de réserve fortifiées de la « bretelle » Drocourt-Quéant, qui relie à la *Siegfried Stellung* de Ludendorff les positions de réserve septentrionales plus anciennes de la *Wotan Stellung*. « Il n'est pas facile de remédier aux conséquences d'une percée sur 12 ou 15 kilomètres de largeur et 6 kilomètres ou plus de profondeur », confie Ludendorff à ses lecteurs en 1919. « Compte tenu des lourdes pertes en hommes, en canons et en munitions résultant d'une telle percée, il faut des efforts colossaux pour réparer les dégâts... Il s'écoulerait de nombreux jours avant qu'on puisse vraiment former et consolider une nouvelle ligne. »

On se souviendra toutefois que l'attaque canadienne a eu pour objet de mettre à l'abri le flanc de la 3e Armée de sir Edmund Allenby, qui attaquera par la vallée de la Scarpe. À son tour, cette opération est un élément subsidiaire (à des fins de diversion) d'une attaque française d'envergure bien supérieure qui sera livrée plus au sud, entre Soissons et Reims. Malheureusement, en dépit du succès des Canadiens, Allenby ne progresse guère. Les Allemands qui se trouvent immédiatement au sud de la crête reculent afin de prévenir la formation d'un angle trop prononcé dans leur ligne, puis commencent à offrir une résistance de plus en plus tenace.

Plus on s'éloigne de la crête de Vimy en direction du sud, plus la profondeur de la pénétration britannique diminue rapidement, de sorte que, au bout d'un mois de durs combats, l'ennemi n'a pas abandonné plus d'un ou deux kilomètres de terrain là où les lignes de front traversent la Scarpe. Après un autre mois, les Britanniques amorceront une nouvelle avance qui complétera celle des Canadiens. Elle atteindra, au sud, la vallée de la Sensée, et fera, en tout, près de cent mille victimes. C'est sur cette ligne que s'arrêtera la 3e Armée.

Quant à la grande offensive française dans le sud, à laquelle participeront un million deux cent cinquante mille hommes et sept mille canons, ce sera un fiasco. À partir du 16 avril, Nivelle sacrifiera un dixième de ses effectifs au cours de cinq terribles journées. Cette boucherie, aussi brutale qu'infructueuse, multipliera les mutineries au sein des armées françaises et entraînera la destitution de Nivelle. Son remplaçant, le général Philippe Pétain, aura pour première tâche de rétablir l'ordre et, pour seconde, de relever le moral de ses troupes.

Il lui faudra jusqu'au printemps de 1918. Entre-temps, on fera appel à sir Douglas Haig pour donner du fil à retordre à l'ennemi et veiller à ce que celui-ci laisse Pétain en paix. Il s'acquitte surtout de cette tâche à Passchendaele (aujourd'hui Passendale), où, en novembre, les membres du Corps d'armée canadien, sous le commandement du lieutenant-général sir Arthur Currie, réussiront encore une « grande chose ensemble ». Ensuite, à la fin de l'été 1918, viendra, à Amiens, le premier de ces « Cent Jours » (que Ludendorff appellera « le jour de deuil de l'armée allemande ») au cours duquel les soldats du Corps d'armée canadien feront tant de grandes choses ensemble. Ils enfonceront la bretelle Drocourt-Quéant, traverseront le canal du Nord, viendront à bout de la ligne Marcoing, reprendront Cambrai et opéreront leur avance sur Mons. Le Corps deviendra ainsi, aux yeux de plusieurs, le fer de lance de la victoire de l'*Entente*, ce qui vaudra au Canada une place à la table des négociations de paix.

Mais il s'agit là d'une autre histoire.

CHAPITRE V

CHAPITRE V

LE MONUMENT DE VIMY

Des monuments à la mémoire des morts de la crête de Vimy apparaissent dès les premiers jours qui suivent la bataille. Les artilleurs et le 44ᵉ Bataillon sont bons premiers à en élever. Bien sûr, ces ouvrages, qui n'ont rien d'officiel, sont des témoignages sincères, mais leur valeur artistique est discutable. De plus, on les a érigés sans disposer d'une autorisation en bonne et due forme. Leur construction indispose quelque peu le gouvernement français, qui est en train de nouer avec ses alliés des ententes relatives à l'érection de monuments commémoratifs permanents une fois la guerre terminée.

Lorsque ces ententes auront été menées à bien, tant pour ce qui touche les cimetières que les monuments commémoratifs, et qu'on aura approuvé des monuments nationaux déterminés, l'emplacement qu'occupera celui du Canada ne fera aucun doute. Même si le Corps d'armée canadien aura alors livré et gagné d'autres batailles plus prodigieuses, la crête de Vimy (et le lundi de Pâques 1917) revêtiront une signification toute particulière. En 1922, la France accorde au Canada, pour y créer un parc commémoratif, une concession perpétuelle de 91,18 hectares (250 acres) au sommet de la crête.

À Ottawa, le gouvernement fédéral a déjà mis sur pied une Commission des champs de bataille ayant à sa tête le major-général S. C. Mewburn, ministre de la Milice et de la Défense de 1916 à 1919. Elle aura pour tâche de superviser et de diriger un concours dans le cadre duquel seront proposés des projets d'un monument commémoratif destiné au point le plus élevé de la crête. Le comité recevra cent soixante propositions, parmi lesquelles il choisira celle de Walter S. Allward, un sculpteur torontois.

Celui-ci a conçu un ouvrage de grande envergure. Le socle exige 11 000 tonnes de béton et de maçonnerie, et il faut encore 5 500 tonnes de pierre pour les deux pylônes et les personnages sculptés. Le monument de Vimy pourra défier les siècles. On procède à des recherches approfondies pour trouver les meilleurs matériaux et on examine les vestiges d'un palais construit au IIIᵉ siècle pour l'empereur romain Dioclétien, qui se dresse encore (en montrant peu de signes d'érosion) près de Split, dans ce qui est aujourd'hui la Croatie. Allward découvre l'emplacement de la carrière jadis exploitée par les maçons de Dioclétien et la remet en activité.

On transporte la pierre nécessaire en France, où on la taillera. Le travail commence en 1925, et s'achève onze ans plus tard après avoir coûté 1,5 million de dollars, somme bien plus importante à l'époque qu'elle ne le serait aujourd'hui. Le monument se dresse au sommet de la cote 145; son socle mesure à peine moins de soixante-quinze mètres d'un bout à l'autre, tandis que les deux pylônes représentent le Canada et la France ont chacun quarante-cinq mètres de haut. Vingt personnages sculptés ornent le monument, parmi lesquels la Paix, la Vérité, la Connaissance, la Justice et le

Sacrifice. Le plus grand d'entre eux, taillé à même un monolithe de trente tonnes, personnifie le Canada veillant sur la tombe de ses morts.

Sur le socle de pierre sont gravés les noms des régiments qui ont combattu pour la crête de Vimy et des 11 285 soldats canadiens portés « disparus, présumés morts », en France, tout au long de la guerre. (Les noms de ceux qui ont disparu dans les Flandres figurent sur le monument commémoratif britannique d'Ypres.) Bien entendu, le souvenir des soldats qui ont reçu une sépulture est commémoré séparément sur la croix indiquant la tombe de chacun, quel que soit l'emplacement de celle-ci.

En l'absence notable du Premier ministre Mackenzie King, le roi Édouard VIII inaugure le monument de Vimy le 26 juillet 1936. Ernest Lapointe, le lieutenant québécois de King, C. G. Power, ministre des Pensions et de la Santé nationale (qui, grièvement blessé sur la Somme, n'avait pas connu les jours de gloire du Corps d'armée canadien) et Ian Mackenzie, ministre de la Milice et de la Défense, représentent le gouvernement canadien. Le Premier ministre du temps de la guerre, sir Robert Borden, et lady Currie, la veuve de sir Arthur, sont aussi présents, de même que près de sept mille vétérans.

En inaugurant le monument, Édouard VIII déclare :

Nous élevons ce monument à la mémoire des guerriers canadiens. On peut y admirer l'expression inspirée, ciselée dans la pierre par un artiste canadien de talent, du salut adressé par le Canada à ses fils tombés au champ d'honneur. Il signale le théâtre de faits d'armes dont l'histoire se souviendra longtemps, et que le Canada ne pourra jamais oublier. Quant au sol qu'il recouvre, c'est le présent de la France au Canada.

Le monde entier est parsemé de champs de bataille qui, par des traits indélébiles, ont inscrit leur nom sur les pages de l'histoire tumultueuse de l'humanité. Parmi les consolations que nous apporte le temps qui passe, nous savons que les actes valeureux réalisés sur ces champs de bataille survivent longtemps aux querelles qui y ont opposé les phalanges ennemies, et Vimy sera de ce nombre.

Par contre, c'est probablement le journal de certain vétéran qui raconte le mieux l'événement. Il est rédigé dans un style désinvolte qui, peut-être, témoigne modestement du fait que son auteur était l'un de ceux qu'on honore ainsi.

Une vaste foule s'est rassemblée ici. En plus des Canadiens, il y a un défilé ininterrompu d'habitants de la région, venus à Vimy des quatre points cardinaux, sans compter 2 000 pèlerins arrivés d'Angleterre... Des milliers de vétérans français sont aussi présents. Des avions manœuvrent de façon spectaculaire au-dessus de la foule et du monument,

Le monument commémoratif du 44ᵉ Bataillon élevé sur le Bourgeon. [MDN PMR 92-006]

Le monument commémoratif de la 1ʳᵉ Division canadienne se dresse toujours à l'extrémité sud de la crête. [BAC PA 4504]

Sir Arthur Currie, à l'inauguration du monument commémoratif de l'artillerie, près de l'emplacement qu'allaient occuper un jour les « deux grands pylônes » de Walter Allward. [BAC PA 2390]

volant en formation... Discours très clairs grâce aux amplificateurs. Inauguration par le roi tout à fait réussie.

ÉPILOGUE

Environ un demi-million de Canadiens (sur les six cent mille qui se sont enrôlés) servent en France et dans les Flandres au cours de la Première Guerre mondiale. Cinquante trois mille d'entre eux tombent au champ d'honneur, succombent à leurs blessures ou de maladie. Quelques milliers de survivants ont subi de telles mutilations, physiques ou émotionnelles, qu'on peut les tenir pour morts. Il est donc permis d'avancer que quelque quatre cent quarante mille vétérans du Corps d'armée suffisamment sains de corps et d'esprit pour réintégrer l'existence normale des Canadiens finissent par retourner chez eux.

Ils y ramènent un nouveau concept de nationalité fondé sur ce qu'ils ont vécu à la guerre. Consciemment ou non, ils commencent à le répandre dans tout le pays. À titre d'exemple, il y a parmi eux au moins deux cents journalistes dont les pensées et les attitudes, conditionnées par la camaraderie de la guerre, ne peuvent que « canadianiser » leurs lecteurs lorsqu'ils reprennent leur métier d'avant-guerre. On compte parmi eux : à Halifax, H. C. Crowell, du *Chronicle* et E. E. Dennis du *Herald*; à Québec, Henri Chassé, de *L'Événement*; à Montréal, John S. Lewis, du *Star* et Hercule Barré, de *La Patrie*; à Ottawa, E. W. B. Morrison du *Citizen*; à Toronto, G. G. Nash et Beresford Topp, du *Mail and Empire*, W. F. Edgecomb, du *News*, Jaffray Eaton, du *Globe*, et Gregory Clark, du *Star* (il travaillera un jour pour le magazine *Weekend*, publié à l'échelle nationale); à Hamilton, Gordon Southam, du *Spectator*; à Winnipeg, S. G. Webb, de la *Tribune*; à Brandon, E. C. Whitehead, du *Sun*; à Saskatoon, Harris Turner, du *Star*... et même, complètement à l'ouest, R. J. Burde, du *News* de Port Alberni. Certains d'entre eux adopteront plus tard ce nouveau canal d'information qu'est la radiophonie. Au cours des douze années qui suivront, un « sang neuf » qui a aussi vu la crête de Vimy, se joindra à ces deux cents journalistes de la presse ou de la radio.

Des vétérans retournent à l'enseignement, ou choisissent d'y œuvrer, à tous les niveaux, de l'école élémentaire au troisième cycle universitaire. C'est le cas, notamment, de l'historien A. R. M. Lower et du spécialiste des sciences politiques Frank Underhill, dont quelques mots ont fourni l'épigraphe du présent ouvrage. D'autres se dirigent vers les affaires, le droit, la médecine ou les ordres. Certains optent pour l'industrie ou le bâtiment (le Canada est en voie rapide d'industrialisation et d'urbanisation) et d'autres, comme le Dr R. J. Manion (qui a également été cité dans ces pages), C. G. Power et A. G. L. McNaughton se lancent dans la politique ou les affaires publiques.

Manion, un Conservateur, prend la tête de l'opposition au Parlement, en 1938, mais perd son siège en 1940. Power, un Libéral, est ministre associé de la Défense nationale durant une grande partie de la Deuxième Guerre mondiale et démissionne à la fin de 1944, après avoir conclu que le Premier ministre Mackenzie King a failli à sa promesse sur la conscription. Au cours

En 1928, le socle du monument en construction au sommet de la cote 145. [MDN PMR 91-011]

Le monument en 1936, juste avant son inauguration officielle par le roi Édouard VIII en présence d'une dizaine de milliers d'anciens combattants. [MDN VP-3]

« Le Canada » pleurant ses morts. [MDN VP-9]

du mandat de Power, le ministre de la Défense nationale est J. L. Ralston, cet avocat ergoteur, ennuyeux comme la pluie, qui a accompagné le 85e Bataillon à Vimy, mais n'a consigné pour la postérité aucune observation pittoresque qui aurait pu être citée dans le présent ouvrage.

Après la guerre, McNaughton, le savant-artilleur, demeure dans l'armée, où il s'élèvera jusqu'au poste de chef de l'État-major général, qu'il détient de 1929 à 1935. Il est alors mis en disponibilité temporaire pour servir comme président du Conseil national de recherches. Rappelé sous les drapeaux lorsque la guerre éclate, en 1939, il commande tour à tour, de 1939 à 1943, la 1re Division d'infanterie canadienne, le 1er Corps d'armée canadien et la 1re Armée canadienne. Par la suite, il succède à Ralston au poste de ministre de la Défense nationale, où il demeure de 1944 à 1945, est président de la Commission de l'énergie atomique de 1946 à 1948, représentant permanent du Canada aux Nations unies de 1948 à 1949, puis membre de la Commission permanente canado-américaine de défense de 1950 à 1959 et de la Commission conjointe internationale de 1950 à 1962.

E. L. M. Burns reste lui aussi dans l'armée, où il commande le 1er Corps d'armée canadien en Italie pendant la Deuxième Guerre mondiale et, après celle-ci, se distingue à la tête des forces onusiennes. Victor Odlum retourne à la vie civile, où il est éditeur du *Daily Star* de Vancouver, de 1924 à 1932. Au cours des années 1930, il appartient au conseil d'administration de la Commission canadienne de radiodiffusion (qui deviendra, pendant cette même décennie, la Société Radio-Canada). En mai 1940, il reçoit le commandement de la 2e Division canadienne. Il quitte ce poste en raison de son âge (61 ans) à la fin de l'année suivante. Il sert par la suite comme haut-commissaire en Australie, puis comme ambassadeur en Chine et en Turquie.

Lorsque sir Julian Byng est promu au commandement d'une armée britannique, en juin 1917*, Arthur Currie reçoit celui du Corps d'armée canadien. Peu après, le roi George V le fait chevalier, de sorte qu'il est devenu, à la fin de l'année, le lieutenant-général sir Arthur Currie. C'est en grande partie son intégrité, son professionnalisme minutieux et son « canadianisme » dévoué qui valent au Corps les victoires que celui-ci remporte par la suite. Après la guerre, il remplit (pour peu de temps), à titre d'inspecteur général, les fonctions de commandant en chef de l'armée de terre, mais les réalités politiques contrarient son projet d'une puissante force armée en temps de paix. En 1920, il démissionne pour devenir chancelier de l'université McGill, poste qu'il occupe jusqu'à sa mort, en 1933.

Byng ne laisse pas d'impression profonde comme commandant d'armée. (Avait-il atteint ses limites, ou les soldats britanniques étaient-ils moins sensibles à ses qualités de chef que ne l'avaient été les Canadiens?) En 1926, il est nommé gouverneur général du Canada, une nomination que « ses gars » accueillent

---

* Après la bataille, son opposant, le vieux *Generaloberst Von Falkenhausen*, est relevé de ses fonctions par une promotion qui en fait le gouverneur de la Belgique occupée.

Ses ennemis : deux soldats allemands capturés le 9 avril 1917. [BAC PA 1106]

Le Canadien Jack Harris, du 4ᵉ Bataillon canadien de fusiliers à cheval.

Une famille de la région des Flandres. [BAC PA 68]

avec enthousiasme dans tout le Dominion. Par contre, il entre rapidement en conflit avec le Premier ministre Mackenzie King au cours de la crise constitutionnelle qui les oppose en 1926. Jugeant sa position intolérable dans le cadre du gouvernement King, il démissionne et retourne bientôt en Angleterre, où il devient chef de la *Metropolitan Police* de Londres, poste qu'il conserve de 1928 à 1931. Il s'éteint en 1935.

Après une carrière dans l'armée de terre du temps de paix, Georges Philias Vanier, qui a été major dans le 22e Bataillon à la crête de Vimy et, par la suite, a perdu une jambe au combat, est ministre plénipotentiaire canadien en France de 1930 à 1940, ambassadeur auprès du même pays de 1944 à 1953 et, de 1959 à 1967, deuxième Canadien de naissance à devenir gouverneur général du Canada.

Des milliers d'autres, de ceux qui ne laissent jamais dans l'histoire de traces aussi visibles que ceux que nous avons mentionnés plus haut, reviennent au pays pour y gagner leur vie dans les fermes, les chemins de fer, les usines, les mines ou les centrales électriques, se rappelant, jusqu'à leur dernier jour, qu'ils sont en premier lieu des Canadiens et ensuite, seulement, des habitants des Maritimes ou de la Colombie-Britannique, des Québécois ou des Manitobains, même s'ils répugnent parfois à l'exprimer sans ambiguïté. Ils regagnent un pays très différent de celui qu'ils ont quitté et une société qui évolue (et continuera d'évoluer) avec une rapidité incroyable en comparaison de celle qu'ils ont connue avant de s'enrôler.

Une nation rurale et agricole se transforme rapidement en une nation urbaine industrialisée (bien que les petites villes du Canada ne soient pas pour autant menacées d'extinction). De meilleures communications permettent aux Canadiens d'en apprendre davantage qu'auparavant les uns sur les autres. Les populations de Montréal et de Toronto ont toutes deux doublé, entre 1915 et 1918, tandis que celle de Hamilton, la ville de l'acier, a augmenté de 150 %. La valeur de la production de fer et d'acier est passée de 120 millions à 443 millions de dollars au cours de la même période, pendant que le Canada devient, durant quelques brèves années, le deuxième plus grand fabricant de véhicules automobiles au monde.

La première licence de radiodiffusion est délivrée en 1919. En 1928, soixante stations sont en ondes. Dès 1920, les communications téléphoniques d'un océan à l'autre sont possibles. Les voyages par chemin de fer deviennent relativement meilleur marché, et les vacances annuelles sont la règle au lieu de l'exception. Tous ces progrès contribuent à « canadianiser » le pays.

Au cours des années 1930, la crise fera marquer le pas à la prospérité économique, mais les voyages sont alors devenus partie intégrante du psychisme canadien. Les vétérans du Corps égrènent encore des souvenirs dans les locaux de la Légion, le vendredi soir, et défilent tous les 11 novembre jusqu'au cénotaphe de leur localité pour honorer les camarades tombés au champ d'honneur. Ils se voient encore comme des Canadiens qui ont fait « de grandes choses ensemble », et leur camaraderie donne au Canada une unité qu'il n'a jamais connue auparavant.

La grand-rue de Vimy avant la guerre et après la bataille. [MDN PMR 91-012 et 013]

Nous terminerons ce livre en évoquant l'homme sur l'histoire duquel s'ouvrent ses pages : le soldat Jack Harris, du 4e Bataillon canadien de fusiliers à cheval, qui est (il faut maintenant l'admettre) le grand-père de l'un des auteurs. Jack est blessé deux fois pendant la guerre : une fois très grièvement, à Passchendaele, où il est également gazé et une autre fois, légèrement, au printemps de 1918. Lorsque les combats prennent fin, il rentre chez lui rejoindre « Lou et les enfants » (l'un d'eux, à son tour, sera blessé deux fois pendant son service au sein du *Queen's Own Rifles of Canada*, au cours de l'été 1944) et reprendre le métier de briqueteur qu'il a exercé avant la guerre. Il participe ainsi, entre autres, à la construction du Maple Leaf Gardens (création d'un autre vétéran du Corps d'armée canadien, Conn Smythe) et continue de travailler jusqu'à l'âge de soixante-quinze ans.

Il adhère à l'association régimentaire du 4e Bataillon canadien de fusiliers à cheval et à l'Association du Corps d'armée canadien (mais pas à la Légion). Par contre, il ne parle que rarement, en famille, de ce qu'il a vécu pendant la guerre. Son petit-fils, qui étudie l'histoire militaire à l'université McMaster, est peut-être le seul à qui il confie parfois que c'est le lundi de Pâques 1917 qu'il a commencé à se considérer comme canadien. Le clairon sonne pour lui le dernier appel en 1972.

Vingt-huit ans avant le décès de Jack, et vingt-sept ans après que ce dernier ait escaladé péniblement la crête de Vimy, le major Charles Stacey, alors historien officiel de l'Armée de terre canadienne outre-mer, traverse la France avec un groupe d'officiers, à bord du train d'une autre armée canadienne victorieuse. Il se rappelle ce voyage le jour où il s'adresse à la Société historique du Canada, à l'occasion du centenaire du Canada.

En approchant d'Arras, nous vîmes soudain le soleil se réfléchir devant nous, au nord, sur deux grands pylônes qui se profilaient bien au-dessus du lointain horizon. Nous sûmes alors que nous contemplions la crête de Vimy. Un quart d'heure plus tard, nous nous tenions devant le monument. Je pense que nous avons tous ressenti une certaine dose d'émotion en lisant les mots simples qui relatent l'événement. « L'Armée canadienne, attaquant avec quatre divisions sur un front de six kilomètres, emporta cette crête d'assaut le 9 avril 1917 ». Cinquante ans plus tard, les hommes qui ont combattu ce jour-là se rappellent avoir alors vécu un instant de grande fierté nationale. Ils se souviennent d'avoir senti, en balayant du regard la plaine de Douai, perchés au sommet de la crête qu'ils venaient de conquérir, que leur pays avait atteint sa maturité. S'il suffit d'un seul jalon pour mesurer les progrès d'une nation vers cet objectif, on pourrait assurément faire un plus mauvais choix que ce glorieux lundi de Pâques.

Par beau temps, ces « deux grands pylônes », bien qu'ils n'aient pas parfaitement résisté aux outrages du temps (l'air de l'Europe occidentale est en effet devenu bien plus acide et pollué depuis la Deuxième Guerre mondiale), resplendissent encore de toute leur blancheur dans le soleil du soir.

NOTES CONCERNANT LES SOURCES

Le présent historique de la bataille de la crête de Vimy, placé à l'intérieur de l'histoire de la Force expéditionnaire canadienne, est fondé sur les volumes pertinents des histoires publiques rédigées par les Britanniques et les Allemands, ainsi que sur le livre, aujourd'hui épuisé, *Corps expéditionnaire canadien, 1914-1919* (Ottawa, 1963), préparé par le colonel G. W. L. Nicholson. Nous avons également utilisé des documents des Archives nationales du Canada (ANC) et du Service historique de la Défense nationale (S Hist) ainsi que des histoires de bataillons et de régiments.

Les commentaires parfois colorés que vous avez rencontrés proviennent d'une variété de mémoires, lettres ou journaux publiés — la plupart étant aujourd'hui épuisés — mais, aussi, de souvenirs non publiés conservés aux ANC ou au S Hist. Plusieurs livres en langue anglaise ont été consacrés à cette bataille dont *Vimy*, de Pierre Berton (Toronto, 1986), sans doute le plus accessible aujourd'hui. En français, il n'existait rien jusqu'à aujourd'hui, sauf les quelques paragraphes que certains auteurs ont consacré à l'événement : Nicholson dans le travail mentionné ci-dessus; G. F. G. Stanley, dans *Nos soldats : l'histoire militaire du Canada de 1604 à nos jours* (Montréal, 1980) — aussi disponible en anglais sous le titre *Canada's Soldiers* (Toronto, 1974); et l'histoire régimentaire du R22e R. Plusieurs anciens titres en anglais méritent ici d'être mentionnés : *The Shadow of Vimy* (Toronto, 1965) par Kenneth Macksey, qui relève le rôle qu'a joué Vimy dans les campagnes du duc de Marlborough, dans la Bataille de France de 1940 et dans les différents combats s'y étant déroulés durant la Première Guerre mondiale; *Vimy Ridge* (London, 1966) par Alexander McKee; et, *Canada at Vimy* (Toronto, 1967), par D. E. MacIntyre'.

TABLE DES MATIÈRES

REMERCIEMENTS
7

PRÉFACE
11

CHAPITRE I
Le voyage des pèlerins
15

CHAPITRE II
Le chemin de la crête de Vimy
49

CHAPITRE III
Le lundi de Pâques
83

CHAPITRE IV
La fin de la bataille
121

CHAPITRE V
Le monument de Vimy
139

NOTES CONCERNANT LES SOURCES
151